U0948701

世界高端文化珍藏图鉴大系

温润通灵

玉器收藏与鉴赏

JADE

苏易 / 编著

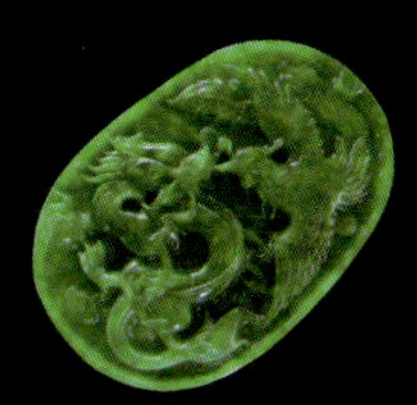

图书在版编目（CIP）数据

温润通灵：玉器收藏与鉴赏 / 苏易编著 . -- 北京：新世界出版社，2013.9

ISBN 978-7-5104-4630-6

Ⅰ . ①温… Ⅱ . ①苏… Ⅲ . ①玉器－收藏－中国②玉器－鉴赏－中国 Ⅳ . ① G894 ② K876.84

中国版本图书馆 CIP 数据核字 (2013) 第 219378 号

温润通灵：玉器收藏与鉴赏

作　　者：苏　易
责任编辑：刘丽刚
责任印制：李一鸣　王丙杰
出版发行：新世界出版社
社　　址：北京西城区百万庄大街 24 号（100037）
发 行 部：（010）6899 5968　（010）6899 8733（传真）
总 编 室：（010）6899 5424　（010）6832 6679（传真）
http：//www.nwp.cn
http：//www.newworld-press.com
版 权 部：+8610 6899 6306
版权部电子信箱：frank@nwp.com.cn
印　　刷：山东淄博汇文商务印刷有限公司
经　　销：新华书店
开　　本：710×1000　1/16
字　　数：230 千字
印　　张：16
版　　次：2013 年 12 月第 1 版　2013 年 12 月第 1 次印刷
书　　号：ISBN 978-7-5104-4630-6
定　　价：78.00 元

版权所有，侵权必究
凡购本社图书，如有缺页、倒页、脱页等印装错误，可随时退换。
客服电话：（010）6899 8638

中国古代玉器历史悠久，几乎跟石器产生于同一时期。早在旧石器时代晚期，我们的祖先就发现并使用玉了。人们在制作石制工具时发现了玉这种矿物，由于它比一般石头坚硬，人们就将它制成工具。再加上玉的与众不同，那特有的色泽，晶莹剔透，惹人喜爱，人们便用它做装饰品。因为玉很少，加工又很困难，所以只有族群里极少数人，如族长、祭师才有资格佩玉、用玉，这就使玉渐渐演变成礼器、祭器或图腾了。

而现代玉饰的品种款式多种多样，有各种玉珠串、玉手镯、玉发夹、翡翠挂件、套装饰品、玉戒指、金镶玉品、玉腰带等，除岫玉、玛瑙、密玉等玉料外，还采用翡翠、青金、鸡肝石、孔雀石、东林石、珊瑚、水晶、芙蓉石、木变石等玉石原料，规格款式不断翻新。这些珠宝玉饰经过人们精心的佩戴，会对人们的生活、衣饰起到锦上添花的效果。

“玉，石之美者有五德。润泽以温，仁之方也；勰理自外，可以知中，义之方也；其声舒扬，专以远闻，智之方也；不挠而折，勇之方也；锐廉而不忮，洁之方也。”中国人爱玉、崇玉，“玉”在国人心中，寓意高贵、纯洁和美好。早在春秋战国时期，孔子就赞美和田玉的“仁、义、智、勇、洁”之道，提倡君子应当以玉比德。君

子应当像玉一样：自洁、宽容、厚德。古医书也说“玉乃石之美者，味甘性平无毒”，并称玉是人体蓄养元气最充沛的物质。

说了这么多，究竟什么是玉呢？关于玉的定义，长期以来都存在争议，其概念一直都很模糊，至今都没有一个让世人都认可的有关“玉”的定义。现在大多数人都认可的玉的定义是：含白、青、黄、碧、墨五色中的任一色硬度在4.5-6.5之间（不足4.5者为石，超过4.5者为宝石），折光率最低为1.61的特殊“石头”。亚洲宝石协会又因这些玉的矿物质含量、硬度和折光率的不同，而分成了软玉和硬玉。软玉包括新疆和田玉、岫岩软玉、独山玉、绿松石、玛瑙等，硬玉主要就是特指翡翠。

中国有着7000年的用玉历史，2500年的玉器研究历史，这使中国赢得了“玉器之国”的美誉。随着时代发展，逐渐形成了独特的玉文化。可以说如果没有玉，就没有如此辉煌灿烂的中国玉器，更没有如此源远流长的玉文化。我国的玉器具有浓厚的中国气魄和鲜明的民族特色，是中华民族文化宝库中的珍贵遗产和艺术瑰宝。

本书通过玉石的几大种类全面介绍不同材质的玉器的收藏与鉴赏，让大家对玉石以及玉器的概况有一个较为全面的了解，不足之处，还请广大专家、读者不吝赐教。

目录

目录

中国国石——新疆和田玉

和田玉在我国有着悠久的历史，是中华民族文化的重要组成部分，是我国四大名玉之首，是我国的国粹。早在春秋战国时期，儒生就把礼学与和田玉结合起来研究，用和田玉象征君子，借以体现礼学思想。他们将儒家的仁、义、礼、智、信等传统观念同和田玉的各种特点联系起来，于是玉有五德、九德、十一德等学说应运而生。和田玉玲珑清秀、细腻莹润，美丽耐久，自古和田玉就是统治者和贵族阶级专门占有的器物。我国古代封建社会中象征着至高无上权利的玉玺大多是用和田玉制成，而清朝的乾隆皇帝更是不可一日不见玉，其爱玉程度之深可见一斑，尤其钟爱温润细腻的和田玉。和田玉作为中国玉器的代表玉材，记载了中国传统的玉文化，在中国古代玉器中占有举足轻重的地位。用和田玉制成的玉器，

和田玉饰品

清代和田玉花片

玉器

和田玉籽料挂件

长 3.4 厘米，宽 1.75 厘米，厚 0.9 厘米，重 10 克，此款籽料原石未经任何打磨，玉质细腻润滑，小巧玲珑，适合直接佩戴或者作为手机挂坠。

具有浓厚的中国气魄和鲜明的民族特色，是中华民族文化宝库中的珍贵遗产和艺术瑰宝。

和田玉的化学成分是含水的钙镁硅酸盐，硬度为 6-6.5，密度为 2.96-3.17。和田玉是一种由微晶体集合体构成的单矿物岩，含极少的杂质矿物，主要成分为透闪石。其著名产地是号称“万山之祖”的昆仑山中，今新疆维吾尔族自治区和田地区。和田玉产于整个昆仑山北坡，长约 1300 千米。和田玉器有着得天独厚的文化内涵和保健功能，是难得的艺术珍品。而且很多和田玉器都小巧玲珑，既便于收藏，又可以把玩，其工艺价值、人文价值和审美价值更是非同凡响，这些都是不能以金钱来衡量的。每件和田玉器的材质和雕琢风格不同，使得每件和田玉作品的造型都非常独特，纹饰更是形态万千，独一无二。

和田玉的种类

按产状分类

根据新疆和田玉的产状可以分为籽料、山料、山流水，从河水中采集到的称之为子玉；将从大山中挖掘到的称之为山玉；将原生矿石经风化崩落，再由河水冲至河流中上游棱角尚存的玉石称为山流水。

和田玉籽料观音挂件

此件作品因材施艺，正面在玉质白细部分，设计了一尊持莲观音，观音法相安详，盘坐于莲花宝座之上，线条简洁顺畅、柔美。

籽料又称为籽玉、子玉、子儿玉，是指原生玉矿经过千万年的自然风化，再加上河水的冲刷、搬运而形成的玉石，它分布于新旧河床及河流冲积扇和阶地中，玉石露于地表或埋于地下。籽料是河床中天然产出，形状为鹅卵石状，表面光滑，无棱角，大小不一，形状各异。经过千万年的风化剥蚀、水流冲击而形成的籽料，总的来说，块度较小，常为不规则的卵形。籽料的质地是比较好的，光泽温润柔和，是和田玉中的上品。很多和田羊脂玉就产自籽料。一般来说，白色的子玉为上品，一些带灰的、带青的子玉质量要稍微差些。

山料又称为山玉、渣子玉，古代称为宝盖玉或者宝玉，特指产于山上的原生玉矿。山料跟籽料是有区别的，山玉块度大小不一，成棱角状，表面粗糙，断口参差不齐。玉石的内部质量很难

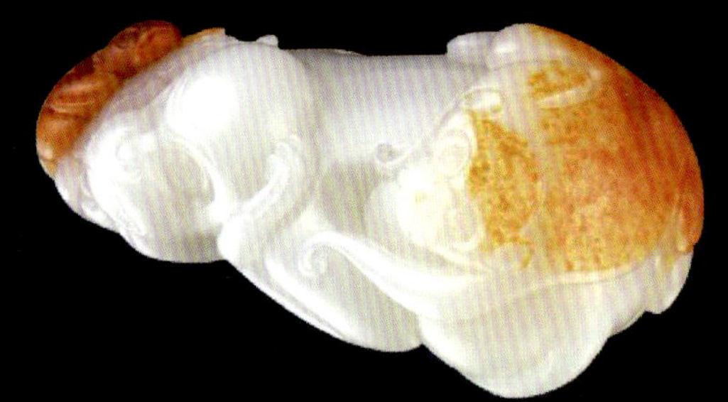

和田玉辈辈封侯把件

和田玉籽料凤穿牡丹把件

西周 和田山流水白玉琮
高 2.7 厘米，边长 5.5 厘米，内径 4.5 厘米，玉琮作为祭祀的礼器，至西周时已成为权力和财富的象征。此玉琮器身呈桔皮纹，包浆古朴温润，常年水沁形成水融合性的疏松，轻微甘黄沁，土咬蚀孔，边缘有过渡白化，器身有斜开片。

把握，但是其质地通常不如籽料。

山流水是当地百姓根据采玉和琢玉的艺人命名的，这是一个很文雅的名称，指原生玉矿石经过长期风化崩落和自然剥蚀，以及河水、冰川的冲击搬运，迁移到河流的中上游河床。玉石棱角稍有磨圆，块度较大，表面较光滑，常带有水波纹，质地较细腻紧密，介于籽料和山料之间。山流水的自然加工有限，尚未完全变成籽料。因为长期受到风沙和水流的冲击和剥蚀，上流水表面凹凸不平却油亮光润。其表面还有大小不一的沙孔，颜色有白、青白、灰白、墨黑等。

按颜色分类

明代周履靖《夷门广牍》中说：“阖田玉有五色，白玉其色如酥者最贵，冷色、油色及重花者皆次之；黄色如栗者为贵，谓之甘黄玉，焦黄色次之；碧玉其色青如蓝，靛者为贵，或有细墨星者，色淡者次之；

东汉和田黄玉龙凤出廓璧

墨玉其色如漆，又谓之墨玉；赤玉如鸡冠，人间少见；绿玉系绿色，中有饭糁者尤佳；甘清玉色淡青而带黄；菜玉非青非绿如菜叶色最低。”和田玉按颜色主要分为白玉、青白玉、碧玉、黄玉、墨玉、糖玉等六类，又从这六类中划分出16个等级。

白玉

白玉是指颜色以白色为主的玉，杂色要小于30%。由白色至青白色，乃至灰白色，其中以白色为最好。白玉中的杂色有糖色、秋梨色、虎皮色等。白玉质地细致，手感温润，光泽柔和。以前的人们普遍认为玉越白越好，掺有杂色有损美玉的价值，因此经常在雕琢的时候将杂质去掉。不过人们现在认为玉太白了反而会死板，最重要的是润，温润脂白才是上等好玉。

羊脂白玉鼻烟壶

明代白玉璧

1. 特级白玉——羊脂玉

羊脂玉是白玉中的上品，给人一种刚中带柔的感觉，羊脂玉也是软玉中的极品，晶莹剔透、洁白无瑕、温润坚密、白如凝脂。羊脂白玉可以光晕微黄，但绝对不能发灰，发灰的白玉就不是羊脂白玉了。很多王公贵族、文人墨客都对羊脂玉趋之若鹜。羊脂白玉世间罕见，世界上只有新疆出此品种，产量稀少，价格昂贵。

2. 一级白玉

一级白玉色洁白，柔和均匀，质地致密细腻，有油脂般的光泽，

半透明状。未加工的一级白玉偶见绺、裂、杂质等，工艺品基本上都无杂质、无碎绺，是和田玉中之上品。

玉雕葡萄摆件

3. 二级白玉

颜色呈白色，较柔和温润，质地较细腻，偶见泛灰、泛黄、泛青、泛绿，蜡状光泽，半透明状，偶见细微的绺、裂、杂质及其他缺陷。

乾隆时期和田白玉侍女诗文子冈佩

清乾隆时期的白玉宝鸭穿莲笔搁

4. 三级白玉

颜色白中泛灰、泛黄、泛青、泛绿，半透明状，蜡状光泽，稍有石花、绺、裂、杂质等。

青白玉

青白玉是白玉和青玉的过渡品种，其质地跟白玉没有什么太大的区别，颜色以白色为主，在白玉中隐隐闪青、闪绿等，其上限与白玉靠近，下限与青玉相似，是和田玉中较为常见的一个品种，其经济价值稍逊于白玉。青白玉也可分为三类:

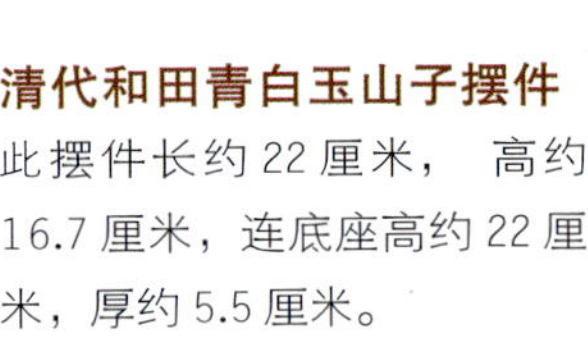
清代和田青白玉山子摆件

此摆件长约 22 厘米， 高约 16.7 厘米，连底座高约 22 厘米，厚约 5.5 厘米。

1. 一级青白玉

颜色以白色为主，白中闪青、闪黄、闪绿等，柔和均匀，质地坚韧而细腻，半透明状，蜡状光泽，基本无绺、裂、杂质。

2. 二级青白玉

颜色以白、青为主，白中泛青，青中泛白，非青非白非灰之色，较柔和均匀，蜡状光泽，质地致密细腻，半透明状，偶见绺、裂、杂质，石花等其他缺陷。

明代和田青白玉鲤鱼童子纹笔洗
该笔洗玉质温润，包浆及沁色自然。长约 9 厘米，宽约 5.5 厘米，厚约 3 至 3.5 厘米。

3. 三级青白玉

颜色以青、绿为主，泛白、泛黄，不均匀，较致密细腻，较滋润，蜡状光泽，半透明状，常见有绺、裂、杂质、石花及其他缺陷。

春秋和田青白玉网格云纹小玉璧
此玉璧长约 22 厘米，高约 16.7 厘米，连底座高约 22 厘米，厚约 5.5 厘米。

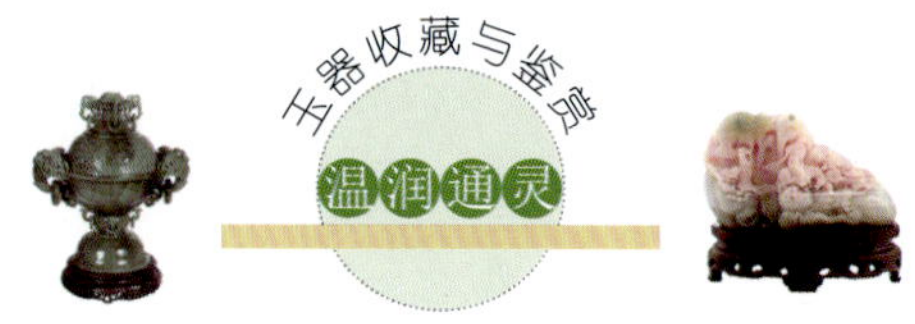

碧玉

和田碧玉籽料原石

碧玉又称绿玉，是指玉石呈青绿、暗绿、墨绿或黑绿色的软玉，其颜色因含一定量的阳起石和含铁较多的透闪石所致。即使碧玉接近黑色，其薄片在强光下仍是深绿色的。有些碧玉跟青玉相似，很难分辨出来。通常颜色偏深绿色的是碧玉，偏青灰色的是青玉。其色以菠菜绿者为上品而绿中带灰者为下品。上等的碧玉也是非常名贵的，不过还是无法跟羊脂玉相比。碧玉在中国的玉文化中也占有比较重要的地位。碧玉分为三个等级：

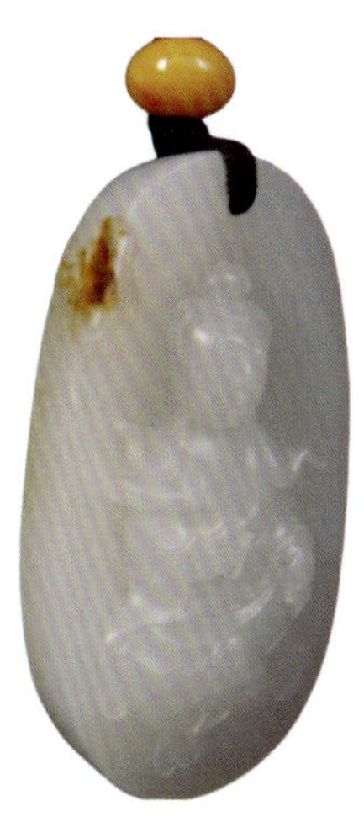
新疆和田碧玉佛

此玉佛手工细腻，油光润泽，线条流畅，所雕形象天庭饱满，印堂开阔，眉顺眼明，鼻翼丰满，耳垂服帖而饱满，下颌圆润。寓意为保佑佩戴者万事如意、笑口常开、福富双至。

1. 一级碧玉

颜色以菠菜绿色为基础色，柔和均匀，质地致密细腻，滋润光洁，坚韧。蜡状光泽，半透明状，基本无绺、裂、杂质等。

2. 二级碧玉

颜色以绿色为基本色，有闪灰、闪黄、闪青，较柔和均匀，质地致密细腻，呈现蜡状光泽，半透明状，偶见绺、裂、杂质等。

3. 三级碧玉

以绿色为基本色，泛灰、泛黄、泛青，不均匀，蜡状光泽，半透明状，常见有绺、裂、杂质等。

和田碧玉花薰

和田碧玉碗一对

该作品直径 12.8 厘米，高 4.2 厘米，且品相完整，玉质温润细腻，工艺精美，是较为难得的珍品。

墨玉

墨玉是指玉石呈现黑色、墨黑、淡黑到青黑色的软玉。其名有“乌云片”“淡墨光”“金貂须”“美人鬓”“纯漆黑”等。一般来说，墨玉的墨色都不是很均匀，既有沁染黑点状，又有云状和纯黑型。墨玉之所以呈黑色，主要为玉石由青玉中含杂质所为。一般有全墨、聚墨、点墨之分。其中全墨即古人所说“墨如纯漆”，十分罕见，是上等的玉玺使用材料。聚墨指青玉或白玉中墨色较聚集，有些则墨色不均，黑白对比强烈，玉工多巧雕使其成为俏色作品。

和田墨玉双雄

该作品黑如墨，玉质细腻，油润度很高，尤其梳毛部分见功夫，是难得的墨玉佳品。

和田墨玉把件瑞兽

黄玉

黄玉是指玉料呈绿黄色、米黄色的软玉，带有绿色调。其名有密蜡黄、栗色黄、秋葵黄、黄花黄、鸡蛋黄、米色黄和黄杨黄等。其中以蜜蜡黄和栗色黄者为上品。黄玉的颜色越深则越珍贵，跟羊脂白玉不相上下，甚至在某种情况下，比羊脂白玉更为罕见珍贵。和田黄玉自古以来就是一种珍贵罕见的品种，而且一直都

和田黄玉籽料

和田黄玉龙型纹饰玦

受到了人们的重视和追捧。可能是因为黄玉中的黄字跟皇帝中的皇字谐音，因此黄玉在历史上一直处于非常高的地位。清朝以前，人们大都喜欢深色玉种，到了清朝，人们又开始对浅色玉种偏爱起来。可是不管怎样，人们对黄玉的喜爱程度一直都没有降低。中国古玉器中用和田黄玉雕琢成的稀世珍品有清代乾隆年间的黄玉三羊樽、异兽型瓶和佛手等。

战汗和田黄玉小摆件

此摆件造型美观，刀工一流，收藏价值较高。

糖玉

糖玉是和田玉中的一个特殊品种，它跟白玉、青玉、碧玉、黄玉的原生色不同，糖玉的玉料多呈现红褐色、黄褐色、黑褐色等色调。其颜色由白玉、青白玉、青玉被铁、锰氧化浸染而成的 。根据氧化浸染的程度，如当糖色大于 85％ 时称为糖玉，小于 30% 就叫作糖白玉、糖青白玉、唐青玉。目前，在存世的玉器之中，真正的红色糖玉极其罕见，大多都是褐红色或紫红色的糖玉。糖玉主要产于新疆的叶城县、且末县、若羌县、和田县等地。叶城矿糖玉颜色偏灰，大部分比较干，无水头，细度相对来说比较弱，基本无油脂；且末矿糖玉颜色青白居多，白中偏青，糖色比较偏红，细度比较好，油脂比较高，水头好；若羌矿糖玉玉色黄中偏青，黄者为上品。糖玉常与白玉、青白玉或青玉构成双色玉料，可制作俏色玉器。以糖玉皮壳籽料掏腔制成的鼻烟壶称“金裹银”，也很珍贵。

和田糖玉精雕财神

和田糖玉福寿把玩件

玉器文化

我们要对玉器进行分析，首先要对其相关的一些专业术语有所了解，下面我们就介绍一些爱玉者不可不知的一些专业术语：

1. 蛀孔：指玉质表面大小不一，如虫蛀般的孔洞。

2. 玉皮：玉石表面的皮，有色皮、石皮、僵皮等等。

3. 俏色：又称巧色、巧作，指巧妙利用玉料上的不同颜色雕琢成花纹、图形，增强作品艺术的表现力。

4. 圆雕：又称立体雕，是指非压缩的，可以多方位、多角度欣赏的三维立体雕塑。

5. 透雕：指镂空雕法。

6. 剔地平雕：先在玉料表面设计主纹，把除主纹外的地方均匀琢低至一定深度，将主纹凸显出来。

7. 游丝毛雕：汉朝特有的刀法，指线条织细如丝，作蜉蝣状。

8. 铁沁：铁质氧化物顺着玉石较疏松处沁入内部，形成的红褐色铁沁。

9. 喇叭孔：用旧式工具钻磨的圆孔，上大下小，状如喇叭。

汉代玉杯

对弈图摆件

10. 斜刀：西周时期特有的刀法，指在并行的双阴线中，磨去其一的线墙，使之成斜坡形。

11. 汉八刀：汉朝特有的刀法，器物线条粗劲、简练、雕琢极少，意思是八刀就能雕刻出图像来。

12. 通心穿：俗称“通天眼”，孔从顶至底钻成。

13. 象鼻穿：又称“牛鼻穿”，指排二孔，内部相通。

14. 生坑：指新出土或出土后未经盘磨的器物。

15. 熟坑：指未经入土或早年出土后经人工盘磨的器物。

16. 管钻痕：器物表面留下的圆孔钻孔的痕迹。

17. 脱胎：指出土玉器经人工长期盘玩后，玉质晶莹亮润，色泽愈发鲜艳，犹如羽化成仙，脱出凡胎。

18. 白化：玉器出土后，受到埋藏环境影响，其显微结构变轻，透明度丧失，颜色变白的现象。

和田玉的特点

第一章

质地细腻温润

温润是和田玉最重要的特征之一。质地是玉石质量的综合表现，包括形状、滋润程度、裂纹、杂质等。和田玉由于其矿物组成和结构特点，决定了其质地优良。表现在：一是由于其粒度极细，所以质地非常细腻，是古人所谓的“缜密而栗”，为其他玉石所不及。二是温润滋泽，即具有油脂（脂肪）光泽，给人以滋润柔和之感，是古人所谓的“温润而泽”，羊脂玉就是以玉滋润如羊脂一样而驰名天下。三是有适中的透明度，即是“水头好”，呈微透明，琢成的玉件显得水灵，有生气。四是杂质极少，有的达到无瑕的程度，而且里外一致，是古人所谓的“瑕不掩瑜，瑜不掩瑕”，或“角患理自外，可以知中”。

二仙同乐
长7.5厘米，
宽 4 厘米，
厚2.5厘米。

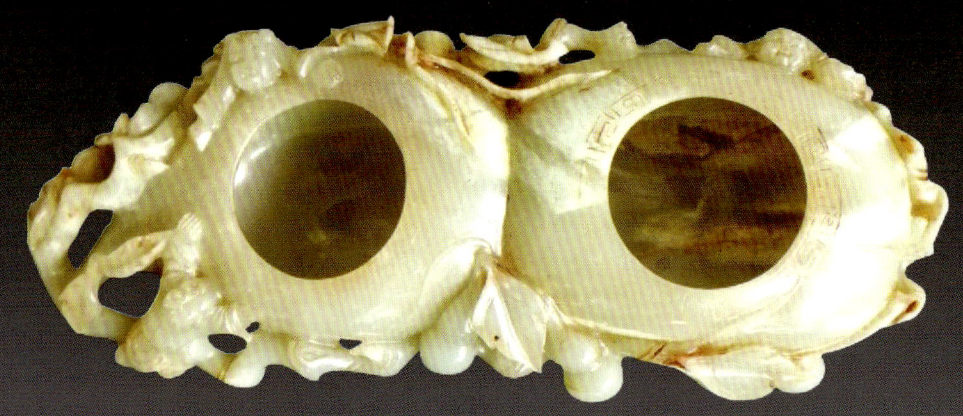

清早期和田玉葫芦形笔洗

硬度较大

一般玉的硬度越大，抛光性就越好，能够长期保存。正因如此，业内常用硬度划分玉器的高、中、低档。通常来说都是硬度越大则玉器越高档，反之则越低档。和田玉的硬度在 6.5-6.9 级之间。由于所含杂质成分和数量的不同，各和田玉品种之间的硬度并不相同。和田白玉的硬度在 6.6-6.7 级之间；和田羊脂白玉的硬度在 6.5-6.6 级之间；和田青玉和和田碧玉的硬度在 6.6-6.9 级之间。

和田玉籽料原石

和田玉龙佩

韧度较大

韧度是研磨硬度，和田玉属透闪石玉，韧度大是其特色。韧度大的玉器则不容易破碎，而且耐磨，对于玉器的艺术造型和精雕细刻有极大好处。韧度是

和田玉笔洗

和田玉籽料观音摆件

打击硬度，有的硬度很大，如黑金刚石的硬度为 10，水晶的硬度为 7，但是打击硬度低，一打即碎。而和田玉的硬度虽不及金刚石和水晶，但是打击硬度很高。据测定，和田玉的抗压强度高达 6542 千克 / 平方厘米，也就是说，如压碎和田玉，必须在每平方厘米上施加约 6.5 吨压力；而压碎钢铁，只需要施加 4-5 吨压力。

珍贵稀少

常言说：“天下物以稀为贵。”和田玉开采困难，产量有限，特别是和田玉中的羊脂白玉世间罕有。曾有人断言，再过 20 年和田就没有羊脂玉了。和田

和田玉煮酒论英雄摆件

玉的市场需求量较大，但是资源却不会再生。玉石象征着一切美好的事物，是有灵性的东西，自古至今就一直受到大家的青睐。和田玉超凡脱俗，这也是其他玉石无法与之相比的。尽管目前已经发现和田玉的成矿带东西长达 1100 多千米，总储量超过 100 万吨，但其生成地质条件十分苛刻。和田玉产在昆仑山海拔约 4500 米的冰峰上，这里严重缺氧，而且天气极寒，山体陡峻，无路可攀，自然环境恶劣无比，开采难度很大。虽说现在和田玉的年产量有几百吨，但其中可以做成工艺品的上等材料数量极其稀少。其中子玉和山流水经过几千年的开采，虽然现在还无法确定剩下多少，可是如果不出意料，应该已接近枯竭，想要再采到并非易事。

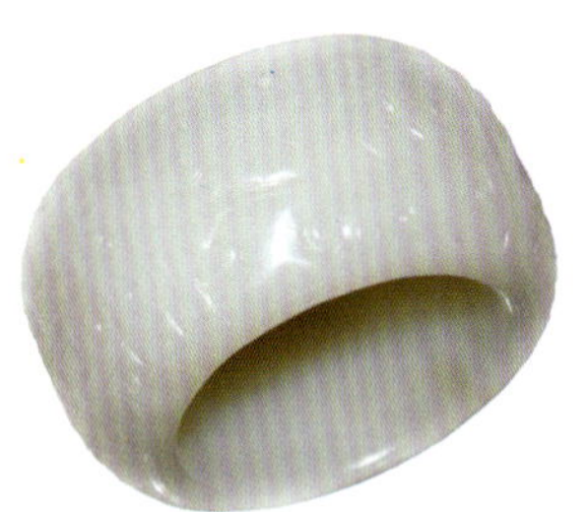

和田玉扳指

耐久易存

在所有的收藏品中，和田玉是独具特色的。因为世界上许多文物和艺术品都不容易长久保存下来，比如青铜器和铁器等容易受到氧化而腐蚀，书画、碑帖容易受潮发霉甚至腐烂，瓷器、陶器容易破碎，收藏这些东西稍不注意就会影响到收藏品的价值，甚至有可能到最后收藏品就分文不值了。只有玉器别具特色不仅不会像青铜器那样被氧化，也不会像字画那样霉烂，更不会轻易破碎。再者说，在身上佩戴小件的玉佩，不仅可以起到装饰效果，还能起到保健

和田玉籽料金包玉

作用。民间一直都有“玉养人，人养玉”的说法，传统思想认为玉有祛病辟邪之功效，一直深受人们的青睐。总的来说，和田玉的化学性质比较稳定，不会因为自然环境的恶劣而受损，反而会变得更加坚韧，而且和田玉比较坚硬，不容易被磨损。

和田玉白玉龙圈

玉器文化

河姆渡文化时期的玉器

河姆渡文化是长江流域下游地区古老的新石器文化，第一次发现于浙江余姚河姆渡，因而得名。它主要分布在杭州湾南岸的宁绍平原及舟山岛。经科学家鉴定，河姆渡文化时期的年代为公元前 5000 年至公元前 3300 年。

河姆渡文化遗址

河姆渡出土了骨器、陶器、玉器、木器等生产工具，还有生活用品、装饰工艺品。这些出土文物全面说明了我国原始社会母系氏族公社时期的繁荣景象，也反映了约 7000 年前长江流域氏族的情况。

河姆渡遗址出土文物曾多次出国展览，震撼了整个世界。

河姆渡时期玉器制作都还很简陋，玉料选择不严，玉质也差。玉器的器形有

玉璋

璜、珠、玦、丸、坠等，多系小件佩饰，制作尚不规整，大多光素无纹。

玉璧

河姆渡遗址出土的玉璜是一种礼仪性的挂饰。每当进行宗教礼仪活动时，巫师就戴上它，显示出巫师的神秘身份。

在中国古代，玉璜与玉琮、玉璧、玉圭、玉璋、玉琥等被《周礼》称为“礼天地四方”的礼器。六器之中的玉璜、玉琮、玉璧、玉圭四种玉器历史最为悠久，早在新石器时代就出现了。

河姆渡文化玉器是迄今所见长江下游地区最早的制玉成果之一。虽然玉器的种类和数量很少，又都是小型装饰品，造型简单，做工原始，但它的产生直接影响到马家浜文化及良渚文化玉器的发生及发展。在太湖流域形成制玉中心，与北方的红山文化制玉中心遥相呼应，共同谱写了玉器文化的光辉篇章。

白玉海水江崖御题诗玉圭

玉琥

和田玉的功效

古医书称“玉乃石之美者，味甘性平无毒”，并称玉是人体蓄养元气最充沛的物质。玉石不仅作为首饰、摆饰、装饰之用，还用于养生健体。自古各朝各代帝王嫔妃养生不离玉，而宋徽宗嗜玉成癖，杨贵妃含玉镇暑。玉为枕而脑聪，古代皇帝就喜欢

和田玉手镯

此手镯由和田青白玉雕刻而成，玉质温润，器形规整，工艺精细，具有较高收藏价值及佩戴价值。

和田玉观音山子摆件

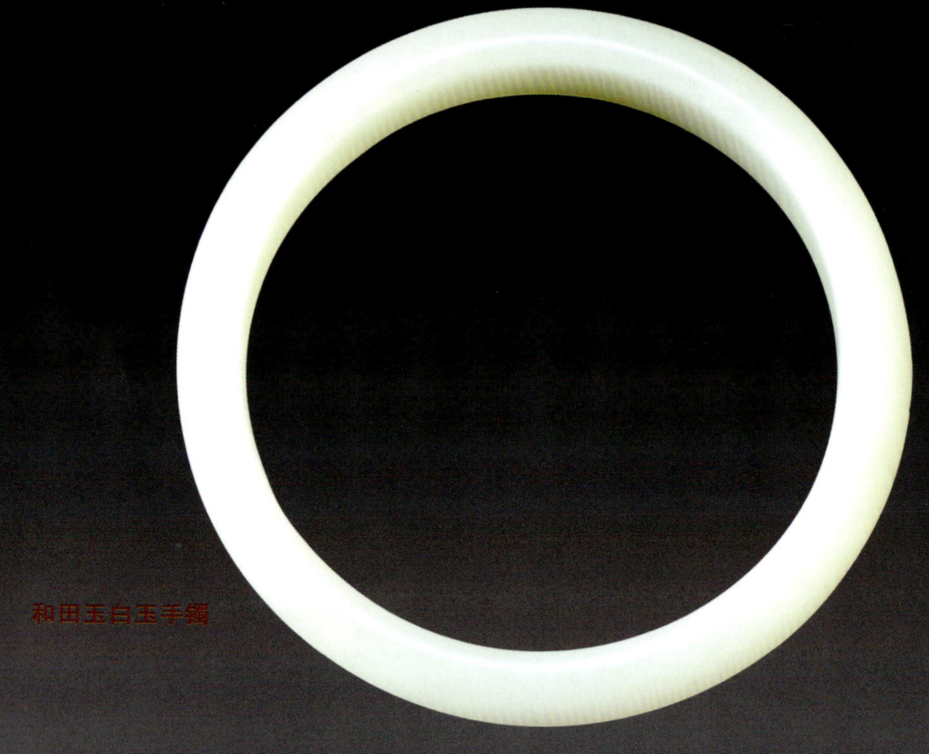

和田玉白玉手镯

用玉做枕头，像中国古代长寿的皇帝都久用玉枕。

玉石不但能美化人们的生活，陶冶性情，而且祛病保平安。其产品直接用于健身保健的有：玉枕、玉垫、健身球、按摩器、手杖、玉梳，对人体具有养颜、镇静、安神之疗效，长期使用，会使你精神焕发，延年益寿。和田玉的材质能够发气、可以吞吐，若对准穴位时，能刺激经络，疏通脏腑，它能随性而发，与人体的体温迅速结合，位于人手腕背侧有“养老穴”，常佩戴玉镯，可得到长期的良性按摩，不仅能祛除老人视力模糊之疾，且可蓄元气，养精神。

明清和田白玉玉花头钗

和田玉的收藏

和田玉收藏的意义

和田玉高贵、神秘、美丽，人见人爱。人们对它的崇敬、喜爱已有几千年的历史，它已成为中华文化之魂，是中华民族极其宝贵的物质和精神财富。玉石的收藏已经成为了一股社会潮流。对玉的收藏已经成为当下国人最热衷追求的内容之一。玉石的价格一路攀升，获得了很多投资者的青睐，这是因为玉石的原材料日渐稀少且不可再生，再加上爱玉、玩玉、赏玉、藏玉的人数日渐增多所致。和田玉作为玉石之王，并不像金条、股票和基金那样，只是纯粹的经济价值，不像陶瓷需要精心呵护，也不像书画那样容易受潮发霉腐烂。和田玉器有着得天独厚的文化内涵和保健功能，是难得的艺术珍品。而且很多和田玉

和田玉挂坠

和田玉璧

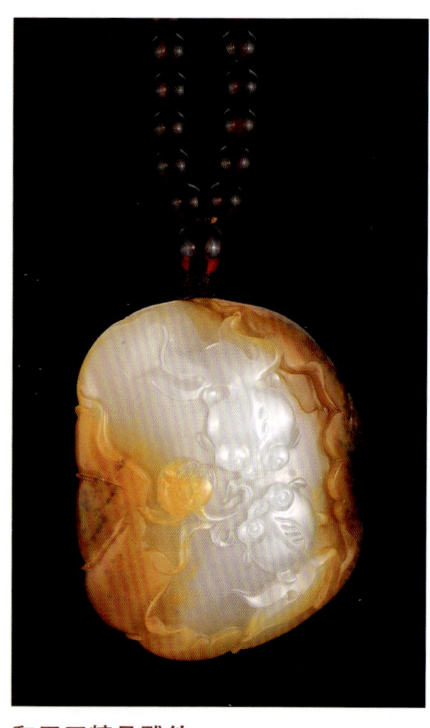
和田玉精品雕件

器都小巧玲珑，既便于收藏，又可以把玩，其工艺价值、人文价值和审美价值更是非同凡响，不能以金钱来衡量。因为每件和田玉器的材质和雕琢风格不同，使得每件和田玉器作品的造型都非常独特，纹饰更是形态万千，独一无二。尤其是一些上等的玉料再加上精致的雕工就更是难得的珍品，引得无数投资者的关注，其价值也必然会随着时间的推移而难以估量。此外，陶瓷和书画等艺术品的作假程度比玉石要高，而且其仿冒品几乎都可以乱真，很难辨识。相对而言，玉石的真假优劣还是比较容易辨识的。和田玉的质地坚韧密实，硬度很高，不会轻易被毁坏。

和田玉收藏的六要素

看玉质

质地是收藏和田玉的根本原则。和田玉与大多数玉石一样属于矿物集合体，其质地的细腻与否对其品质影响很大。多数玉石的组成晶粒结构紧密，晶粒的形状和结合方式对质地也有很大影响。玉石晶粒通常为粒状、片状、针状、块状或纤维状，晶粒相互之间或有序排列，或无序排列，形式多样。这些晶粒既可以是同种矿物晶粒，又可以是不同种矿物晶粒，情况复杂，形成了质地的不同特征。好的和田白玉质地一般晶粒间隙小、粒度匀，透光性一致，显微镜

和田玉玉雕牛吃草

下裂隙小，看上去油润细腻，密实坚韧，滋润光洁。但是因为上好的和田白玉极其稀少，已经被很多收藏家收藏起来了，轻易不拿出来示人。

和田玉辟邪

看颜色

颜色也是收藏家考虑收藏的重要因素之一。和田玉颜色很丰富，有羊脂白、白、青白、青、绿、墨、黄、糖等颜色，往往是颜色越白其价值越高。羊脂玉价值最高，但同样是羊脂玉，因质地细润程度和透明度的不同，其同样的工艺品价格相差也很悬殊。羊脂白玉中，以带皮色的籽料最具收藏价值。除带皮和田籽料外，和田山料及俄罗斯山料中糖色玉也备受业内人士喜爱。由此，在白玉收藏中，白色、俏色、皮色这“三色”应作为优先把握玉料的原则。另外看是否有绺、裂、杂质。

和田玉双螭耳笔洗

看工艺

工艺是收藏家决定收藏的很重要的因素。每一块和田玉的玉料都有其独特

老和田玉瓶摆件

的特征与个性，琢玉大师要是善于把握玉料特性，就能全面展现玉料的工艺价值。“玉不琢，不成器”，雕工是工艺品的“灵魂”，也有人说雕工的好坏是决定玉件价值的关键。在确定一件玉器作为收藏目标时，除了考虑玉石材质的稀有性，更要考虑适合玉料工艺方法的最佳性。从玉材质地、颜色、大小、题材、工艺合理等多方综合考量。那些浸透着艺术智慧与创意，显示着娴熟精工的功力之作，肯定会有较高的收藏投资价值。除此之外，还要看玉器是否有严重的瑕疵和绺裂，对艺术品的主题有无影响。对这些严重的玉料缺陷，雕琢时大师们一定会有所掩饰（挖脏去绺），处理得是干净利落，还是“拖泥带水”，对工艺品影响很大，如果处理不好，这件工艺品的身价就要大打折扣了。

明朝和田玉印章
长 4.6 厘米，宽 4.6 厘米，高 1.8 厘米。

看琢玉师

就是要寻求名师的佳作。一般收藏字画的时候都是寻求艺术大家的杰作，而和田玉的收藏也不例外。通常来说，玉雕的工艺大师具有深厚的艺术造诣，创作经验丰富，雕琢技巧高超，艺术风格别具一格。相同的玉料跟题材，包括

工艺标准都一样，但是琢玉师不一样的话，其作品的风格必然也会不同，技术水平也是参差不齐的。因为琢玉师的喜好不同，生活背景千差万别，擅长的琢玉技巧不同，其创作出的作品当然也会呈现出强烈的个人色彩。有名的琢玉大师的作品都是纯手工制作，一年之中能够完成的作品非常少，自然其升值空间不可估量。现在和田玉的原材料日渐稀少，出自大师之手的作品价格必然会成倍增长，因此收藏和田玉作品的时候，对琢玉的工艺大师应该格外留意，其升值的空间不可限量。

清朝和田玉鼻烟壶

清代老和田玉象骨粉盒
长6.5厘米，宽5厘米，厚3.4厘米，重118.6克。

看新玉和古玉

中国自古就是一个崇尚古文化的国度，也有收藏古玉的传统。古玉承载着整个中华文明史，不仅有丰富的历史内涵，而且每个时代都有其独特的烙印，具有很高的历史价值和文物价值，多少年来一直受到人们的喜爱和追捧。出于好古、崇古

和田玉籽料小手把件

清朝和田玉发簪

的原因，宋徽宗在位时不仅掀起了复古的风潮，更使仿古之风滥觞。清乾隆帝比起宋徽宗有过之而无不及，将好古之风推向了高潮。经过数千年的文化沉淀，虽然给后世留下了不可胜数的和田玉器，但古代和田玉器存世量毕竟有限，多数已被众多的博物馆和成千上万的古玉收藏者纳入囊中。古玉有着不可再生性，而藏家们对古玉青睐有加，导致其价格节节攀升。古和田玉器越来越少，而和田玉原材料因其独特的稀有性，人们逐渐摒弃了厚古薄今的观念，将收藏的目光逐渐转向了新玉上。无论是古玉还是新玉，其独特的魅力都能令人为其倾倒，再加上大量新的琢玉工具和新的琢玉技艺的运用，以及当代琢玉大师的不懈努力，当代和田玉器的精美程度有的地方和古代和田玉器相比毫不逊色。现在的玉器店中的作品大多都是现代雕琢的玉石工艺品，仿古件不算多。不管是创新的作品还是仿古作品，只要其玉质佳，艺术品位高，寓意新颖都值得购买，既不要陷入创新“泥潭”，也不要全盘否定仿古，根据自己的欣赏力和喜好而定。

汉代和田玉三足香炉

和田玉饰品

注意事项

玉石玉器收藏是我国玉文化的延续发展，事实证明，其长线收藏比短线收藏效益更好，因为玉石玉器的历史、文化、人文价值是无法估量的。从资源收藏的角度分析，和田白玉的收藏价值更具潜力。收藏投资和田玉还要注意多学多看多接触，避免走入误区。在选择上应注意，不可只注重产地，不辨析玉料。新疆虽然是和田玉的产地，但在当地所买未必都是和田玉，要慎重选择。不要只看重皮色，不重视玉质。市场中的假皮色、浅雕琢，极具欺骗性。要注意识别机制还是手工，不可只认规矩工整而有所忽略。还应避免只仰慕名气，不辨识工艺。艺术是每件玉器所追求的最高境界，也是最难做到的。凡气韵生动，形神兼备的玉器都是艺术美的表现，有着极高的收藏价值；而貌似珍品，一味仿古也不能称之为艺术美的作品，鉴赏价值要逊色很多。有意收藏和田玉者，还是应该下些功夫，做些“功课”，打些基础，还应熟悉各地工艺的特点，方能在藏品收集中得心应手，少走弯路，少交“学费”，少受些损失。和田玉器的鉴定是一门非常专业、非常严谨的学问，青睐和田玉的收藏家们要注意学习和借鉴前人的经验，并虚心向当代的鉴定专家学习，熟知中国历代玉器的材质、造型、纹饰、工艺等特征，切忌盲从。

玉器文化

马家浜文化时期的玉器

马家浜文化是长江下游地区的新石器时代文化，因浙江嘉兴马家浜遗址而得名。主要分布在环太湖地区，南达钱塘江北岸，西北到江苏常州一带，距今6000至7000年。

马家浜出土的器物有穿孔石斧、陶豆、罐、盆、纺轮、玉珠、玉玦等。墓葬中随葬玉玦、玉璜虽然不很普遍，但每个马家浜文化的墓地中都有一定数量的精美玉玦出土，总数相对可观。

玉玦为装饰品，后来成了中国的传统饰物。玉有缺则为玦，玦是我国最古老的玉制装饰品，环形，有一缺口。在古代主要是被用作耳饰和佩饰。

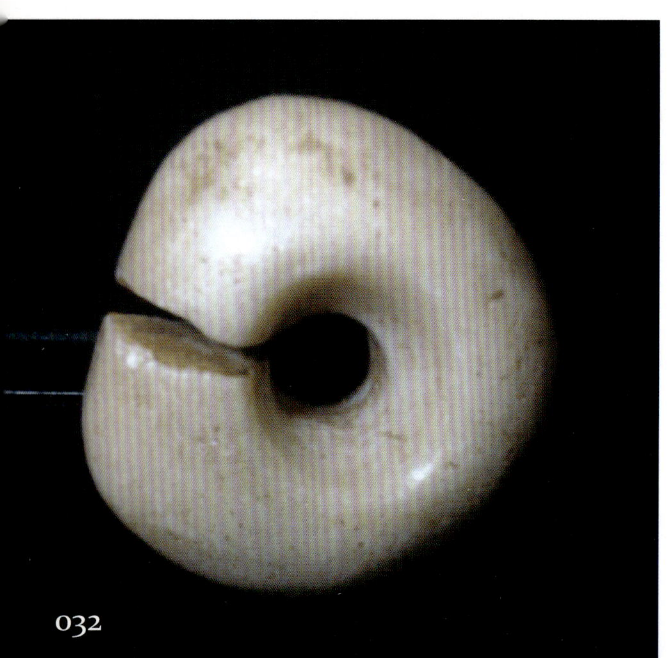

新石器时代时期的玉玦

镂雕双螭出廓玉珩

小玉玦常成双成对地出土于死者耳部，类似今天的耳环；较大体积的玉玦则是佩戴的装饰品和符节器。新石器时代的玉玦制作朴素无纹。

关于玉玦的用途，古今说法甚多，概括起来有五种：一作佩饰；二作信物，见玦时表示与有关者断绝关系；三表示佩戴者遇事善于决断，有君子气质或男子汉气概；四为刑罚标志，犯法者见玦则不许返回，要长期流放在外；五用于射箭，使用时将玦佩戴在右手拇指上，以作钩弦。满者为环，缺者玦。玉玦古时多为王侯佩戴，玦者乃遇满则缺的意思，王侯佩戴是为警示，告诫其不可自满也不可自以为是。

西周青玉鱼尾纹玉玦

和田玉的鉴定

（1）观察其是否为半透明：真玉有半透明的，也有不透明的，在光照下，和田玉能透过光，但看不清透过的物像。可将玉石对准光源，用手在玉后晃动，真的和田玉能看出有黑影晃动。

老和田玉帽花

清代老和田玉瓷粉盒

（2）皮色识真假法：真玉的光泽一般都比较温润，其他玉石的滋润和油脂光泽不及和田玉。内部夹有少量杂质或呈棉絮状花纹均属正常；假玉器色泽干枯，灰暗呆板无灵气，有的还有气泡。用舌尖舔的时候，真玉有涩的感觉，而假玉则无。

（3）硬度识真假法：真玉比较坚硬，用刀划刻无痕迹。假玉器通常比较软，用刀划刻可见刀痕，但是现在很多仿料也选择一些硬度高的玉石，同样会不留痕迹。

（4）声音分辨真假法：轻轻敲打要鉴定的玉石，真玉发出的声音会清脆悦耳，人造假玉的声音发闷，和田玉由于质厚温润、脉理坚密，所以在敲击下声音清脆、洪亮，可拿两块相同的玉对敲几下，如果声音黯哑则不是和田玉，和田玉的声音比较清脆，像钢一样。

（5）重量分辨真假法：把玉放在手里掂一掂，真玉的手感较沉重，假玉的手感比较轻飘，真玉用手摸会有冰凉润滑之感。在玉器体积相同的情况下，真玉的重量相对于其他玉石要重。

（6）毛孔法：我们在鉴定玉器的时候，可以在玉石上面滴上一滴水，真玉上面会形成露珠状，很长时间都不会散去。

战国和田玉杯

和田玉碧玉印章

和田玉的保养

“三年人养玉，十年玉养人。”这是一句爱玉之人常说的话，一个“养”字，前者是“保养维护”之义，后者为“使身心得到滋补或滋养”之义。既道出了玉为通灵之物，也告诉了我们很多知识与道理。和田玉是有灵性的，收藏和赏玩和田玉的人都会精心“养护”自己的美玉。赏玩和田玉有许多禁忌，需要留心，以免伤了美玉。世界上任何事物都有它的两面性，和田玉工艺品是收藏家的首选，固然有它的易保存的最大优点，但在保存中也要注意以下问题：

避免和田玉与硬物撞击

玉石硬度虽然很高，但仍需注意不要与硬物接触，以避免受到碰撞，若受激烈的碰撞会破裂，有些裂纹很隐蔽，当时不一定能看出，可是已经有了暗伤。

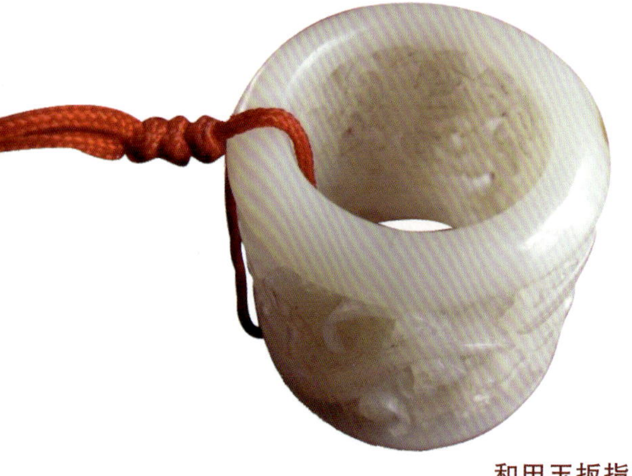

和田玉扳指

清朝玉带耳香炉

另外一点就是有些工艺的细微之处撞击后容易损伤，这样不仅损害了玉石、玉器的完美，也降低了它的经济价值。

和田玉要避开灰尘

注意保持和田玉的洁净光鲜，不要灰尘满身，失去和田玉的应有光彩。有了灰尘应当用毛刷蘸上清水仔细刷掉，再用洁净软布擦干，使和田玉工艺品真正显示出“冰清玉洁”的本质。注意不可使用任何化学除垢剂、去污剂。

避免长期与香水等化学试剂接触

长期接触容易受到腐蚀，失去和田玉应有的光泽，变得浑浊，降低了观赏性。此外，包括不少爱玉玩玉者在内的很多人误以为和田玉接触人体越多越好，实则是个误解。和田羊脂白玉和其他白玉若过多接触汗液，汗液中的盐分、脂肪酸、尿素等就会慢慢改变洁白的玉表层，使玉件容易变为淡

和田玉杯

明代和田玉璧

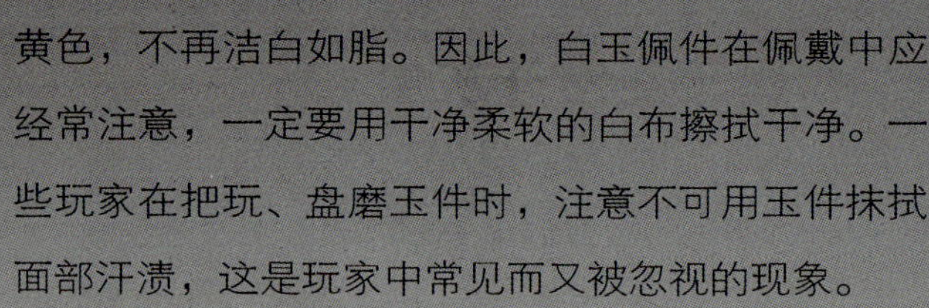

黄色，不再洁白如脂。因此，白玉佩件在佩戴中应经常注意，一定要用干净柔软的白布擦拭干净。一些玩家在把玩、盘磨玉件时，注意不可用玉件抹拭面部汗渍，这是玩家中常见而又被忽视的现象。

和田玉工艺品应该安放妥当

和田玉手镯

珍藏的和田玉工艺品，不能长期在烈日下暴晒，也不能长期在炽热的灯光下烘烤，受热过度，原有致密的结构会变得粗糙一些，隐蔽的缺陷会暴露出来，造成不必要的损伤。

和田玉工艺品应长期保持鲜活

空气中的湿度应当适中，否则会使水灵灵的和田玉工艺品失去水的滋润变得干燥。

和田玉忌与腥、臭、污秽物长期接触

如果不注意，油脂等会堵住玉石内部的空隙，失去玉石温润晶莹的本色，变得暗淡无光。此外，在和田玉的保养方面还有“三忌”“四畏”的说法，总之，不论是赏玉还是玩玉都要修身养性，平心静气，在玩赏美玉之时品味玉之内涵，达到“人养玉，玉养人”的境界。

玉器文化

崧泽文化时期的玉器

崧泽文化距今约 5300-6000 年，属新石器时代母系社会向父系社会过渡阶段，以首次在上海市青浦区崧泽村发现而命名。崧泽文化上承马家浜文化，下接良渚文化，是长江下游太湖流域的重要的文化阶段。崧泽于 1958 年由农民挖塘时发现古物，然后于 1961 年和 1974 年两次有计划地发掘，挖出古墓 100 座，其中发现了大量的石器、玉器、骨器、陶器和兽骨、稻种等遗物，证明崧泽距今 6000 年前就有人类居住活动，崧泽人是上海最早的祖先。

玉璜

上海青浦县崧泽文化墓地出土的玉器璜、玦、环、镯等与马家浜玉器稍有区别，其中玉器大多选材较好，璜的样式也开始增多，有近似鱼形、鸟形的。璜体又宽又薄，两端平直，多于两端各穿一孔。这一时期玉器多为扁平型，系切割加工而成。

一般来说，和田玉的玉质越好，润度就越高，玉皮也越薄，有些甚至非常薄。在和田玉中，洒金皮、水锈皮等是最好的玉皮。这说明和田玉对玉色也是有严格要求的。要是一块玉料的颜色比较丰富，那么就说明这块玉料的表面质地比较软。从这也就引申出原生和田玉和次生和田玉来。当然不能单凭硬度这一标准来评判和田玉料的好坏，还是要结合其他的标准来综合评判。

和田玉笔洗

第二章

玉中翘楚——岫玉

岫玉又称岫岩玉，以产于辽宁省鞍山市岫岩满族自治县而得名，是中国历史上的四大名玉之一，岫岩玉是中华玉石大家族中的重要一员，是最早被发现和使用的玉种。从中国最早的玉制品到世界最大的玉制品，从原始文化阶段雕刻水平最高的玉器到当代被誉为国宝的玉雕精品，都是出自岫岩玉。由此可以说，岫岩玉在中国玉的历史上有着极重要的地位和影响。岫岩玉是玉文化赖以生存和发展的贵重资源和珍稀材料。从 20 世纪 70 年代末至 80 年代，辽宁省地质矿产局、中国科学院贵阳地球化学研究所等单位对岫玉进行了系统的研究，发现用岫玉制作的各种首饰和玉器不但销售于全国各地，而且在国际市场上的销路也非常好。

岫玉龟

岫玉老印章

据考古发现，辽宁岫岩地

红山文化时期的鱼形佩饰

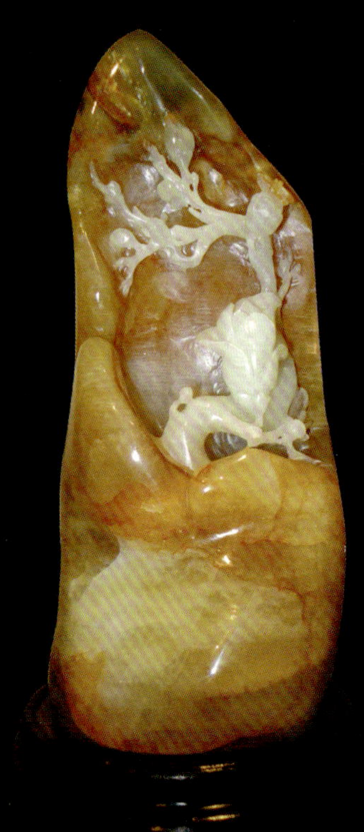

岫玉摆件

岫玉凤凰牡丹摆件

岫玉摆件

岫玉手镯

区在距今 1-2 万年前的旧石器时期就有人类活动，在距今 4000-5000 年的新石器时期红山文化遗址的岫玉古玉器，辽宁建平县出土的“玉猪龙”，内蒙古翁牛特旗三星他拉村出土的“玉钩龙”，原始社会“勾云形器”均以岫玉为代表。我国各个历史时期留下的岫玉文物也都非常丰富，例如夏商周时期的“鸟兽纹玉觥”“玉跪人”，战国时期的“兽形玉”，秦汉时期的“玉辟邪”，南北朝时期的“兽形玉镇”，唐宋时期的“兽首形玉杯”，元代的“玉贯耳盖瓶”，明代的“龙头玉杯”，清朝的“哪吒玉仙”。1968 年在河北满城陵山汉墓中出

岫玉发饰

岫玉挂件丝瓜

土的“金缕玉衣”就有 2498 片岫玉，北京故宫博物院珍藏的夏家店文化出土的两件玉器“碧玉螭佩”和“青玉鸟兽纹柄形器”也都是由岫玉雕琢而成。江苏、浙江一带出土的新石器时代良渚文化的玉器，安阳殷墟妇好墓中出土的700 余件玉器，相传清朝皇太极刻有“皇帝奉天之宝”的传国玉玺、乾隆皇帝刻有“国朝传宝记”的玉玺，都是用岫玉雕制而成。

岫岩玉储量约 300 万吨，居全国之首，实行限产后，年产量仍占全国总产量的 60%。特别是岫岩的玉石王、井中玉王、河磨玉王和重约 6 万吨巨型玉体“四大玉王”相继出世以来，产生轰动效应。1960 年 7 月玉石王被发现后，周总理亲自批示：“这是稀世国宝，不可多得，一定要保护好玉石王。”

岫玉摆件

辽宁岫岩县盛产蛇纹石质玉，已为世人所尽知，扬名海内外。其实，岫岩不仅产蛇纹石质玉，还产出透闪石质玉，即软玉，这点却鲜为人知。为了与已流行的“岫玉”（专指蛇纹石质玉）相区别，我们将岫岩产的透闪石质玉称之为“岫岩软玉”。尽管岫岩软玉的开发利用历史相当悠久（可以追溯到6000年前的红山文化），质量比岫玉更佳，但由于产量很少，又缺乏报导，故一直湮没无闻，使得世人只知岫玉，而不知岫岩软玉。

岫岩软玉佩饰

玉猪龙挂件

岫玉的种类

岫玉摆件

岫玉在广义上可以分为两类，一类是老玉，老玉中的籽料称作河磨玉，属于透闪石玉，其质地朴实、凝重、色泽淡黄偏白，是一种珍贵的璞玉。另一类是岫岩碧玉，也称瓦沟玉引，属蛇纹石类矿石，其质地坚实而温润，细腻而圆融，多呈绿色至湖水绿，其中以深绿、通透少瑕为珍品。

按产地分

岫玉根据其产地可以分为以下几类:

岫岩玉

岫岩玉产于辽宁省岫岩县的蛇纹石玉，是由纤维蛇纹石和叶蛇纹石为主组成的致密块体，其颜色不下十余种。岫岩玉历史悠久，产量最多，市场上所见的岫玉大多产自此地。岫岩玉是以豆绿色为主色的多色玉石，其质地细腻，硬度高。

信宜岫玉

信宜岫玉又称南方岫玉、南方玉，产于广东省信宜市境内。信宜岫玉是一种呈暗绿色至淡绿色的致密块状蛇纹岩。此地所产岫玉表面有深浅不一的绿色

岫玉雕件

花纹，大多呈黄绿色、绿色，玉石表面有蜡状光泽。正因为信宜岫玉有这些较美丽的绿色花纹，故适合做大型玉雕摆件。

陆川岫玉

陆川岫玉产于广西壮族自治区陆川县，是一种在黄绿色基底上常见有黑斑的致密块状蛇纹岩，玉石表面有浅白色的花纹。

岫玉瓦砚

台湾岫玉

台湾岫玉产于台湾省花莲县，常含铬铁矿等包裹体，玉石表面有暗绿色的条纹。

昆仑岫玉

昆仑岫玉简称“昆仑玉”，玉质与辽宁岫岩玉相似，产地在新疆的昆仑山麓。

雪花岫玉

岫玉手镯

云南岫玉

云南岫玉是一种绿色的块状蛇纹岩，常含绿泥石。

按花色分

清代岫玉龙纹牌饰

岫玉中的花色玉可分为花玉、花斑玉两种：花玉指在其白色中有灰、黑、蓝紫色斑带，这种斑带由黑色矿物和菱镁矿组成，白色部分为叶蛇纹石。花斑玉指在其白色中有较多的绿色斑块，绿斑由叶绿泥石组成，白色部分为透闪石。绿泥玉呈墨绿、绿、浅绿色，主要由淡斜绿泥石组成。

按矿物成分分

按矿物成分的不同，可将岫岩玉分为蛇纹石玉、透闪石玉、蛇纹石玉和透闪石玉混合体三种，其中以蛇纹石玉为主。

蛇纹石玉（岫玉、花玉、黄玉等）

硬度：4.5-5.5；密度：2.61 克 / 立方厘米；

耐火度：1500-1600 度；颜色：绿、黄、白、红、黑等；

成分：氧化镁（MgO）42.1%；二氧化硅（SiO_2）43.8%；氧化钙（CaO）0.15%；结晶水（H_2O）11.7%；三氧化二铁（Fe_2O_3）0.64%。

透闪石玉（老玉、河磨玉、石包玉）

硬度：6.36-6.46；密度：2.91-3.1 克 / 立方厘米；

折射率：1.60-1.62；颜色：黄白、绿、青、黑、糖色；

成分：二氧化硅（SiO_2）61.28%；氧化镁（MgO）24.25%；氧化钙（CaO）11.56%；氧化铁（FeO）0.39%；三氧化二铝（Al2O3）0.86%；氧化钠（Na_2O）0.16%。

岫岩玉原石

关于岫玉的传说

这个故事发生的朝代无证可考，有母子二人住在岫岩哈达碑镇瓦沟的大山里，他们靠耕种打猎为生。一天，儿子上山打猎，忽见一只长着长尾巴、全身五彩缤纷、金翅金鳞的大鸟落在山岗上，就急忙背弓提枪跑了过去。他气喘吁吁地跑到了山岗上，大鸟突然间腾空飞起，转了几个圈就不见了。晚上回家，儿子把白天见到大鸟的经过对母亲说了一遍。母亲想了想，高兴地说："孩子呀，母亲觉得你看到的那只大鸟绝非平凡之鸟，很可能是凤凰。"俗话说，神鸟降临，必送金银。凤凰是不会停在一个穷乡僻壤的，母子二人决定

辽宁岫玉

山流水岫玉一块

岫玉白菜摆件

一探究竟。第二天，娘俩带着工具直奔大鸟落脚的山岗，只见大鸟落脚的石堆中闪闪发光，娘俩拨开乱石、松土，里边露出许多五光十色的彩石。母亲说：“这一定是宝石。”于是娘俩把挖出的彩石带回家中。村里的人听说娘俩挖出了宝贝，都来观看，一些好奇之人也到山上去挖，说来也怪，这些石头五彩缤纷，非常漂亮，也不算太硬。后来，不知谁用它磨成手镯戴在腕上，刻成小动物带在身上，溜光水滑，很是好看。于是便有人把它做成各式各样的小工艺品拿到城里去卖，换回许多金银。消息传开，外地人也到这里来买宝石，可谁也说不出这宝石叫什么

岫玉手链

美石，又是在“秀岩”遇到的。于是，人们就称其为“秀遇石”。由于“遇”“玉”同音，“秀岩”改为“岫岩”之后，人们就改称“秀玉石”为“岫岩玉石”，简称为“岫岩玉”。

民国老坑岫玉精雕玉鸟一对

岫玉的特点

岫玉的结构

岫岩玉的玉石结构与众不同，这是因为不同石的矿物成分及其成因、粒度大小、共生关系等方面都存在或多或少的差异，因而岫岩玉的玉石结构很有特色。经偏光显微镜观察，其中最重要的为细均粒变晶结构，如蛇纹石玉的纤维鳞片变晶结构、透闪石的纤维柱状变晶结构、绿泥石玉的鳞片变晶结构等。交代结构在岫岩玉中亦普遍发育，其中常见的有交代残余结构、交代环边结构、交代溶蚀结构等。但据电子显微镜观察，岫岩玉主要为交织结构，其中的矿物相互穿插、交叉和镶嵌。这种结构发育得越好，矿物质粒度越细，越均一，则岫岩玉的硬度就越大。岫岩玉的构造主要为致密块状，优质玉石尤其如此。那些

福禄双全摆件

岫玉鸡血扳指

呈脉状穿插构造、片状构造、碎裂构造的玉石，质地较差或完全不符合质量要求。

岫玉的颜色

岫岩玉的颜色有深绿、绿、浅绿、黄绿、灰绿、黄褐、棕褐、暗红、蜡黄、白、黄白、绿白、灰白、黑等色。因为岫岩玉的颜色极其丰富，故常使岫岩玉有非常美丽的“巧色”。实际上，岫玉颜色的深浅跟铁含量的多少有关，当岫玉中含铁多时，其颜色一般都深，反之则色浅。

白色岫玉

玉石还有强烈的蜡状光泽、玻璃光泽，有的显油脂光泽；微透明至半透明，少数透明。其透明度与矿物成分和化学成分有关。当岫岩玉全部由蛇纹石组成时，其透明度高。如果其中有杂质含量达 5% –10%，

西周岫玉璜

岫玉红色印章

则透明度差。当岫岩玉中铁、镁含量高时，其透明度往往较差；反之则透明度会增高。折射率 1.49-1.57，硬度为 4.8-5.5。

研究表明，其硬度与它本身的结构有关，平行纤维的切面比垂直纤维的切面硬度大。例如，其中的蛇纹石玉平行纤维方向的硬度为 5.82，垂直纤维方向为 5.61；绿泥石玉平行纤维方向的硬度为 2.91，垂直纤维方向的为 2.86 等。不仅如此，岫岩玉的硬度还与其化学成分有关，如铁的含量愈大、镁的含量愈小，其硬度愈高。在中国的已知玉中，岫岩玉为中档玉石，少数质地特别优良者属于中高档玉石。

岫玉原石

岫玉的化学成分

在化学成分方面，由于岫岩玉中不同玉种的矿物组成及其共生组合的不同，因而其化学成分也有较大的差别：蛇纹石玉中含有的镁、硅相对要多一些，铝的含量较少。透闪石中含有的硅、钙相对要多一些，镁的含量则较少，绿泥石玉中含有的镁、硅则较少，

岫玉山子

三只岫玉小佛龟

纹石由于与之共生的脉石矿的不同，因而化学成分也有所不同。一般质纯的蛇纹石玉的化学成分常接近蛇纹石矿物各种组分的理论含量，而共生有较多脉石矿物的质地较差的蛇纹石玉各种组分的含量则变化较大。如果富含硅酸盐矿物，则 SiO_2 、CaO 含量增高，MgO 含量降低。例如，含透闪石的透闪石蛇纹石玉含 SiO_2 56.8%，MgO 24.36%，CaO 12.70%，Al_2O_3 0.51%，H_2O 1.20% 等。研究表明，以上蛇纹石玉、透闪石玉、绿泥石玉的化学成分分别与叶蛇纹石、透闪石、叶绿泥石的单矿物理论组成分含量接近，特别是透明度好的蛇纹石玉则更接近叶蛇纹石的理论含量值。至于岫岩玉中的微量元素，蛇纹石玉以近矿的蛇纹岩、菱镁岩含硼高（10-20 倍）为特点。在其他可以检出的微量元素中，明显大于克拉克值的有砷、锑、镉、锗、银、锌，其含量与近矿围岩相近。总的变化趋势是，硼、铬、铜、锌的含量从矿体向围岩逐渐降低，其中明显地小于克拉值的是铬少 3 倍，镍少 1 倍，钴少 1 倍。

良渚文化时期的玉器

良渚文化距今约 4150 年至 5250 年，是我国长江下游太湖流域一支重要的古文明，因发现于浙江余杭良渚镇而得名。良渚文化玉器的玉材质地和制作工艺精粗差别悬殊。一般玉器所用玉材为太湖地区所产各种粗玉，以透闪石、阳起石为主，少量蛇纹石，玉石颜色以绿为主，或泛

良渚文化时期的玉琮

青或透黄，玉质透明度和硬度都不高，有些玉料疏松吸水。上好的良渚古玉重器，则选用质地细密晶润的玉材，触感平滑细腻，器物表面呈现宝石光泽，近乎铜镜的亮度，俗称“包浆壳”，色泽多以黄绿为基调。良渚文化遗址出土玉器非常多，种类有珠、管、璧、璜、琮、璋。玉琮、玉环、玉镯等玉器造型严谨而规范。良渚文化玉器之中，最为精美的当属玉琮、玉钺以及冠型饰。其中玉琮体积大，工艺精湛，是中国古代玉器中的珍品，被誉为“玉琮王”。该时期的玉琮器型规整，

良渚文化神人纹玉璜

长 14.6 厘米，宽 6.7 厘米，厚 0.6 厘米。

良渚文化玉器

雕琢纹饰精细，厚薄均匀，边角端正，轮廓分明，在成型过程使用了拉丝、管钻、锯切等多种以砂为介质的开料手段。又满又密的阴线刻、减地浅浮雕手法、精细的器表打磨表现了良渚玉器的高度成就。

尤其是良渚文化的象征神人兽合体的神徽，用细密的阴刻线纹琢出。把极为复杂的图像都浓缩到仅有指甲盖大小的浮雕面上，借助放大镜仔细观察也要很吃力才能看清。由此可想象当时雕琢技术之精湛。玉琮是巫师通天地敬鬼神的一种法器，带有强烈的原始巫术色彩。

岫玉的功效

玉对人体的医疗健身作用很早就被人类所发现。我国著名的中医药巨著《神农本草》《唐本草》《本草纲目》中都有过著述。《本草纲目·金石部第八卷》中记载，玉具有“除胃中热、喘急烦懑，滋毛发、滋养五脏、柔筋强骨、止渴、润心肺、助声喉、安魂魄、利血脉、明耳目”等疗效。玉被公认是举世公享、造福人类、具有“世界意义”的发明创造。它的保健机理是：任何一种物质所能发射和吸收的电磁波的波长都是相等的，人体能发射和吸收的红外电磁波的波长一般在8-10μm，波峰在9.4μm处。光谱测量分析表明：岫岩玉的特殊分子结构使其发射出人体能很好吸收的红外线电磁波。波长刚好在8-10μm的范围内，波峰在9.9μm处。这种作用通常叫作共振吸收，或叫作偏匹配吸收。这种电磁波能产生极好的生物作用，即改善循环，刺激再生，酶活性提高，生理功能恢复，加强细胞吞噬功能和抗体的生成，故岫岩玉对人体有极好的医疗保健作用。

岫玉手镯

岫玉跪人枕

岫玉扳指

岫玉的收藏

岫玉的收藏价值

东北岫岩山清水秀、宝藏遍野，以盛产岫岩玉闻名中外，堪称辽东半岛上的一颗璀璨的明珠！

质坚色美，储量丰富

岫岩是世所罕见的玉石资源富县，目前开采有 7 处岫玉矿和 2 处老玉矿。哈达碑瓦沟岫玉矿为国内最大玉矿，已发现矿体近百个，储量 176 万吨，居全国之首。偏岭细玉沟岫岩软玉矿拥有储量 10 万吨以上。岫岩玉远景储量约 300 万吨，可保永续利用。岫岩玉多年稳产旺销，行情看好。特别是岫岩玉石王、井中王、河磨王、岫玉巨王等“四大玉王”相继出世以来，产生了轰动效应，

明代老岫玉圆雕佛手大簪头

天下太平岫玉大花钱

来岫洽谈合作开发的中外客商络绎不绝。岫岩玉年产量长期占全国年产玉石总量的 70%，供应着国内各地几百个厂家玉雕用料。被誉为美玉之乡的岫岩，地处辽东半岛腹地北部，总面积 4507 平方千米，其地形以低山和丘陵为主，间有小块冲积平原，山清水秀，风景如画，山藏瑰宝，岩蕴美玉，地以岩名，名以玉传。岫岩号称“中国玉乡”，是我国乃至全世界最大的玉石产地，拥有国内最大的玉石矿山。据《中国宝玉石资源大全》等宝玉石地矿专著确认岫岩玉“储量居全国之首”。岫岩玉晶莹温润、玉质细腻、颜色多样、耐高温和抗腐蚀性、可雕性和抛光性好。岫岩玉适合雕刻大中型玉件，是国内十分优质的玉雕材料。

岫玉童子

玉质珍贵，材质精良

岫岩透闪石玉属珍稀玉种，定名岫岩软玉。由原生矿开采的俗称“老玉”；由河流中捞取或河岸砂矿床掘出的璞玉俗称“河磨玉”或“河料玉”。岫岩软玉主要有黄白玉、黄玉、青玉、

民国岫玉鹌鹑一对代座

碧玉、糖玉、墨玉 6 种类型，此外还有白、红、黑诸色和五彩斑斓的花玉。岫玉的硬度是 6-6.5，质地坚韧，细腻湿润，属微透明体，具油脂光泽，历来被视为玉中精英之材。其中黄白玉、鸡油黄玉为上品，“外包石皮，内蕴精华”的河磨玉最为珍贵。岫岩蛇纹石玉质量为同类之冠，通称为岫玉，国际上称新山玉。岫玉以多为清新纯正的各种绿色而享有“生命之玉”的美称。

岫玉历史悠久，折射华夏文明之光

中国最早的玉制品是由岫玉制成的，早在旧石器时代晚期，岫玉就被人类发现并利用。1983 年在辽宁海城小孤山仙人洞人类洞穴遗址中，出土的三件岫玉透闪石玉砍斫器，其玉源即为仅一岭之隔的岫岩细玉沟的老玉，距今至少有 1.2 万年，这是到目前为止我国发现的唯一的旧石器时代的玉制工具，也是最早的玉制品，岫玉也因此被誉为“中华第一玉”。

《中国古代玉器》一书载：“中国最早玉器出现于东北距今约 7500 年的辽宁阜新查海的新石器时代早期遗址内，岫岩玉远古开发利用的顶峰是在距今 5000-6000 年的红山文化时期。”《中国文物鉴赏·玉器卷》载：“几千年来，我国人民使用岫岩玉从没间断过，最具代表的辽西出土新石器红山文化玉器用料全部为岫岩玉，从商周、春秋、战国到西汉，一直到今天，出现了的玉龙、

岫玉摆件

清代岫玉花开富贵长命锁

清代岫玉五子登科玉佩

玉猪龙、玉蝉、勾云形器、马蹄形器等多种具有特殊代表意义的玉器，这些玉器都是由岫岩玉制作而成的，岫岩玉制品已随处可见。”辽宁省凌源县三官甸子红山文化墓中出土的勾云形玉器，使用了镂空、钻孔、抛光等技术，是原始文化中雕琢水平最高的玉器。北京大学地质系教授王理麟、段体玉、阎新在《鲜为人知的岫岩玉》一文中说：岫岩玉往往在古墓中出现，这就为石器时代的玉源提供了有力证据。由此我们可断定，中华民族玉文化的历史，与岫岩玉的发展和使用相依相连。中华玉文化的起源，始于岫岩玉的利用。

岫玉是天然玉，主要讲究的是雕刻工艺，要把岫玉当成一件工艺品来看，收藏价值才能体现出来。现在市场上，有很多拿岫玉充当翡翠在卖，说明单单镯子、小挂坠等雕刻工艺不强的商品价值还是没有

岫玉帽花

清代岫玉扳指
岫玉香薰

翡翠高。岫岩玉为中国历史上玉文化的鼎盛发挥了重要推动作用。近代一百多年来，勤劳朴实的岫岩人民，随着工业性的开采和加工工具的提高改进，不断增加采集量，以满足国内外市场对玉器的需要，源源不断地为全国各地的玉器厂家提供晶莹滋润的油脂蛇纹石玉和透闪石玉，使中国玉器工艺品从宫廷走向社会，走向民间，使昔日的宫廷珍品走入寻常百姓家。岫岩玉以自身的实力，将中国玉文化推向了辉煌。

岫玉的收藏要素

岫玉是我国四大名玉之一，因其温润的质地和莹润的色泽受到人们的喜爱。近几年岫玉的价格也是顺势递增，人们对岫玉的认知度也是越来越多，由于目前和田玉开采量逐渐减少，所以岫玉收藏也是现在人们所热衷讨论的话题。那么对于岫玉的收藏要从哪些方面来进行判断呢？

质地

对于岫玉的收藏首先要判断的就是质地，质地好的岫玉其肉质会很细腻，并且玉质会非常均匀。通常情况下，用肉眼就能观察出玉肉的质地，如果是颗粒感比较强就说明玉质非常粗糙，这样的岫玉价值就比较低。因此在收藏时要注意观察此点。玉石的质地越细越好，越均匀越好。玉石是多晶集合体，晶体颗粒的大小决定了玉质的细腻和粗糙程度，即晶体颗粒度越小则玉质越细腻，晶体颗粒度越大则玉质越粗糙。一般用肉眼观察，如有明显的颗粒感，则玉质较粗，如无颗粒感，则玉质比较细腻，如在放大镜下也无颗粒感，则玉质就非常细腻了。总体来讲，岫玉的质地大多数是比较细腻的，少数稍显粗糙。质地与透明度和抛旋旋光性有直接关系，即质地越细腻，其透明度越高，抛旋旋光性越好，表面反光也越强，岫玉的质量越高。反之，质地越粗、透明度越差，抛旋旋光性越差，岫玉的质量越差。

颜色

前文说岫玉的特点时提到岫玉的颜色种类繁多，深浅不一，比较常见的有绿色岫玉、黄玉、黑玉等。其中要以绿色的岫玉为品质最佳，排在第二的就是黄色的岫玉，它的成色最佳。在具体评价颜色好与差时，应从四个方面进行观察分析，即浓度、纯度、鲜艳度和均匀度。浓度是指颜色的深浅，一般来讲以中等浓度为最好，太深或太浅则较差。纯度是指色调的纯正程度，当混入其他色调时，就不纯正了，或叫偏色了，显然，色调越纯正越好，混色时较差。鲜

碧玉挂链——深绿色岫玉

艳度是指颜色的明亮程度，也称色阳，当然，鲜艳程度越高越好。均匀度是指颜色分布的均匀程度，一般来讲，颜色越均匀越好，不均匀则差，但对某些岫玉品种则不然，如花玉，各种红、褐、橙、黄色调与变化多端的花纹，往往构成奇特美丽的画面，反而更加珍贵。

净度

净度是指宝玉石内部的干净程度、即含杂质和瑕疵的多少。岫玉由于透明度较好，肉眼观察即可看到内部的杂质和瑕疵，易于判断岫岩玉器净度的好坏。

其实收藏岫玉主要还是在于多观察，多判断，能掌握和总结出收藏岫玉的经验，这样才会收藏到成色俱佳的岫玉。

岫玉龟

透明度

透明度对于玉类来说是非常重要的，因为单晶体宝石几乎都是透明的，没有太大的差别，而玉石的透明度则差别很大，大多数为不透明、微透明或半透明，少数为透明或亚透明，因此透明度好的玉石越发珍贵。岫岩蛇纹石玉的一个突出特点是总体上透明度较高，不但比其他地区的蛇纹石王透明度高，而且也比其他各种玉石的透明度高。从市场上各种岫玉雕件统计看，大多数为亚透明或半透明，少数为透明和微透明，不透明者很少。岫玉之所以被称为我国四大名玉之一，其透明度可谓是功不可没。

岫岩玉花瓶

工艺水平

玉石要巧琢才能成器，想要收藏玉器，除了要选上好的玉料之外，还需要观察此玉器是否有高超的工艺水平。工艺包括造型和雕工，行内有“远看造型、近看雕工”之说。

岫玉雕件的造型应简练生动、比例合适、体态均衡，给人以和谐逼真的感觉，如果上下左右比例失调，则会给人别扭不舒服的感觉。

雕工应是精雕细刻，表现在纹饰图案的线条流畅、琢刻细腻、抛光良好，包括细微及凹浅处，甚至镂空内部，都雕刻细致及抛光到位，而无多余刀痕或废刀痕，看上去和谐美观。若刀法凌乱，光泽暗淡，则这样的玉器多是粗制滥造的，不仅影响美观和玉器的价值，更是对天然资源的一种极大浪费。

岫玉香薰

清代岫玉渔翁佩饰

玉器文化

红山文化时期的玉器

红山文化是距今约 5000 年左右，是我国北方著名的考古文化，在燕山以

红山文化时期的玉猪

北、大凌河与西辽河上游流域活动的部落集团创造的农业文化，因最早发现于内蒙古自治区赤峰市郊的红山而得名。红山是出土玉器较多的一个遗址，该遗址先后出土了160余件红山文化玉器，主要有工具类、装饰类、动物类、人物类等各种类型的玉器，这些玉器为我国文明起源阶段的课题研究提供了科学的、严谨的、可靠的考古学实物依据。

红山文化是我国新石器时代北方原始文化的代表，它与存在于山东地区的龙山文化和存在于长江中下游地区的良渚文化一样，都是中华古文明的重要组成部分。

红山文化玉雕工艺水平很高，玉

红山文化时期的玉玦

红山文化时期的玉镯

器有猪龙形缶、玉龟、玉鸟、兽形玉、勾云形玉佩、管状马蹄形玉器、棒形玉等。玉器为磨制加工而成，表面光滑，晶莹明亮，极具神韵。

到目前为止，红山文化的玉器已出土近百件，其中大型碧玉 C 形玉雕龙周身卷曲，吻部前伸微翘，头顶至颈背有长鬣后披，鬣毛后翘，极富动感。由于这只龙已经具备了龙的基本特征，而且是现在发现的最早的龙文化的实物，因此被誉为“中华第一龙”。

这些精美齐全的玉器说明红山文化非常发达，当时的生活水平也比较高。红山文化这一重大发现把中华文明史提前了一千多年，为夏代以前的三皇五帝传说找到了实物依据，在中华文明发展过程中占有极其重要的历史地位。

岫玉压裙佩

岫玉的鉴定

岫玉的真假鉴别

岫玉的价格通常都比较合适，不会很高，因此假冒岫玉的材料也比较少见，主要就是玻璃、合成材料、玉粉压块。真的岫玉里面会有白色的絮装物，就像棉一样，就算是极品的玉料或多或少也会有一点，而假的都不会有这样的絮状物。假的岫玉通常情况下都是由玻璃合成的，对着光能够看见气泡。气泡中间的孔是透明的，而棉是实心儿的。岫玉当中的棉，是二次蚀变时候的白云岩粗颗粒。合成材料一般在密度上比较轻，拿在手上很容易就能感觉出来，玻璃和岫玉在

清代岫玉小放牛

外观上和密度上比较相似。对玻璃和岫玉进行摩挲，人会感觉玻璃很涩，而岫玉则会感觉很光滑。

说说看

业内还有一个骗人的把戏，某些卖家见你外行，会告诉你用一根头发绑上真的岫玉后用火烧，头发是烧不断的。这一招蒙骗了很多消费者，因为玻璃缠上头发之后也是烧不断的，这只是一个物理原理，跟玉石本身是没有关系的。例如，在纸桶里放上水，再放在火上烧，纸桶就不会烧漏。

岫玉的优劣鉴别：

颜色

岫玉的颜色种类很多，上文也已经提到绿色的岫玉是玉中上品，其次是黄色。

岫玉压裙佩

岫玉仕女摆件

明代岫玉镂空高浮雕

当然要进一步评估颜色的好坏，从浓度、纯度、鲜艳度和均匀度进行分析，这里不再多讲。

透明度

通常情况下，玉石的质地越细越均匀，就越好。玉石是多晶集合体，晶体颗粒的大小决定了玉质的细腻和粗糙程度，即晶体颗粒度越小则玉质越细腻，晶体颗粒度越大则玉质越粗糙。一般用肉眼观察，如有明显的颗粒感，则玉质较粗，如无颗粒感，则玉质比较细腻，如在放大镜下也无颗粒感，则玉质就非常细腻了。总体来讲，岫玉的质地大多数是比较细腻的，少数稍显粗糙。质地与透明度和抛旋旋光性有直接关系，即质地越细腻，其透明度越高，抛旋旋光性越好，表面反光也越强，岫玉的质量就越好。反之，质地越粗，透明度越差，抛旋旋光性越差，岫玉的质量就越差。

清代岫玉龙纹花片

净度

净度指的是岫玉内部的干净程度，也就是人们常说的杂质和瑕疵的多少。岫玉的透明度比较好，用肉眼观察就能看到内部存不存在杂质和瑕疵，所以比

岫玉龙凤佩

天然岫玉把件生肖猴

较容易判断岫玉的净度。通常岫玉中的杂质有下列几种：

1．白色米状杂质

这种杂质也是岫玉中常见到的一种杂质，呈粒状星点状分布，因其很像白色的小米粒，故当地人称为“小米粥”。研究结果表明，这些白色粒状物为早期残留的碳酸盐即白云石矿物组成的。

2．白色絮状物杂质

这种杂质是岫玉中含量最多的杂质，如呈斑状形态时，通常称为“脑”，如呈不定形飘撒状时，称为“棉”或

天然岫玉貔貅摆件

“绺”。研究结果表明，这些白色的“脑”或“棉”是由第二期重结晶的粗粒蛇纹石构成的。

3．黄色杂质

岫玉中偶尔可见到一些呈斑点状或斑块状黄色杂质，不透明，呈金属光泽。研究结果表明，它们是由黄铁矿或磁黄铁矿构成的。一般来说玉中的杂质都是不利的，降低了玉石的质量，但这种杂质不同，由于它有金光闪闪的光泽，可以为岫玉增添新的光彩，因此在岫玉雕件中特别是在手镯上出现时，人们给了一个很好听的名称，称为“金镶玉”，因其稀少，往往成为收藏品。

4．黑色杂质

岫玉中还常见到一些呈点状、斑块状、条状或不规则形状的黑色杂质，不透明，当地人称其为“黑脏”，是影响玉质量最不利的因素。研究结果表明，这些黑色杂质主要是由石墨构成的。

岫玉的保养

岫玉经过烤灼会使其内部分子体积增大，使玉质的形态发生改变，造成岫玉水分的缺失，其颜色也会变浅。因此去光线强烈的沙滩等地游玩时尽量不要佩戴岫玉饰品，避免过强的阳光对其直接照射。

民国铜镶岫玉转心挂坠

还有喜欢蒸桑拿朋友，在进桑拿房前要将岫玉饰品取下，避免让岫玉饰品长时间处于高温湿热的环境下；在烹饪时也尽量避免使岫玉与高温或明火接触，以防岫玉饰品受到损伤。

岫玉有跑水的特性，喜欢湿润的环境，特别是一些摆件跑水会比较多，那么喷一些水在上面，用保

青玉叶“圆粒葡萄”摆件挂件

民国岫玉仕女

鲜膜包住，塑料袋也行，只要包裹严实就好，包一两天，跑水严重的就多包几次。水干了就续水。但是水不要多，能够均匀覆盖表面就可以了，或者用湿毛巾包住，外面再包保鲜膜，这样就可以保持岫玉的水灵，并且颜色也会更漂亮。千万不要将岫玉泡在水里，否则，好玉也变得不通透了，而且很不容易恢复。

玉器文化

龙山文化时期的玉器

龙山文化时期的玉琮

龙山文化泛指中国黄河中下游地区新石器时代晚期的文化，因首先发现于山东章丘龙山镇而得名，距今约 3950 年至 4350 年，分布于黄河中下游的山东、河南、山西、陕西等省。这一时期已进入父系氏族时期了。

龙山文化遗址中发现的玉器可区分为山东龙山文化、河南龙山文化和陕西龙山文化。这三个文化中的玉器以山东龙山文化发现的玉器较多，河南龙山文化和陕西龙山文化玉器发现较少。山东龙山文化遗址出土的玉锛上端有饕餮纹，是商代青铜器饕餮纹的祖型，极为珍贵。

河南龙山文化出土玉器有玉璧、玉璜、玉环、玉饰等。陕西龙山文化出土玉器有玉璜、玉璋、玉刀、玉镰、玉钺、玉雕人首等。

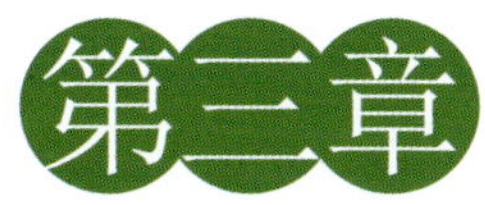

第三章 南阳翡翠——独山玉

中国四大名玉之一的南阳独山玉，又称为“南阳玉”或“南玉”，独玉是它的别名或简称，主要产于河南南阳境内的独山。独山玉色泽鲜艳，质地细腻、硬度较高，上等独山玉可同翡翠媲美。法国学者称其为“南阳翡翠”；独山玉是一种“蚀变斜长岩”类型的玉石，组成矿物除斜长石外，还有黝帘石、绿帘石、透闪石、绢云母、黑云母和榍石等多种矿物，故优质者可称南阳翠。具有色鲜质润的优点，历来被玉器制作者和收藏者所青睐，在市场中有很大的升值空间。可以雕琢成很精美的玉器，其优点主要表现在色彩瑰丽、玲珑剔透上，因为它有独特的自然品性。

独山玉马车

独山玉摆件转动的童年

独山玉因矿物成分的不同，所呈现的颜色有较大的差异，颜色较多，色调齐全，红、黄、绿、白、青、黑、紫各有千秋。主要品种是白独玉，其中包括水白玉、白玉、乌白玉等类；再者是绿独玉，主要有绿玉、

独山玉手镯

绿白玉、天蓝玉、翠玉等类；还有青独玉，即为青玉。此外还有黄独玉，即为黄玉，红独玉，又名芙蓉玉，黑独玉，即为墨玉。其他各种颜色的独玉就是杂玉。

独山玉摆件二泉映月

各种颜色的独玉中，价值最高的是水白玉、天蓝玉和绿白玉。人们常把透明度好的独玉美其名曰为独翠，而紫玉和杂玉的等次则稍逊。独玉有一个明显的共同点，即玉质内部有微细的小颗粒，体径都在0.06毫米以下，因此玉质细腻，密度很高，质地坚硬。在独玉中，透明度和洁净度较好的是白玉，半透明到微透明是其他品种所具备的。

独山玉原石

独玉的开发和制作历史相当悠久，距今五六千年前的新石器时代，独玉就已经有了大规模的开采，如在河南省南阳县黄山新石器文化遗址所出土的器物，如玉凿、玉铲、玉璜等，就是用独玉为原料制作而成的。在汉代，南阳的独山被称为玉山。文献记载，独山玉的开采在汉代已经具有

独山玉玉雕玉鞋

独山玉凤纹古玉璧

独山玉手镯

一定的规模，在玉山脚下曾经有一条汉代制作和销售玉器的“玉寺街”，当年兴盛一时，后毁于三国时期刘备和曹操之间的战争，现仅存遗址。至今在独山上还能看到近千个古代采玉的矿坑。

清代独山玉巧色金玉满堂

另外，人们从殷墟——河南商代晚期都城遗址中，发掘了大批的玉器，也考证出不少玉器是用独玉制作的。而有文字可考的开采历史，应该是在东汉时期，有人考证，独山下的“玉街寺”文化遗址，原来就是当时雕琢销售独山玉器的作坊或工场。

独山玉经数千年的开采，遍山洞穴累累。古代采玉坑多为竖井式，一般较为浅显。现在使用爆破技术及凿岩机、矿车等器械，坑道已深至山中达百米，而密如蛛网的支道纵横交错，十分复杂。

独山玉摆件

独山玉摆件

独山玉的种类

按颜色分类

独山玉摆件山中聚友

独山玉的品种由于所含有色矿物和多种色素离子，使独山玉的颜色复杂和变化多端。其中50%以上为杂色玉，30%为绿色玉，10%为白色玉。玉石成分中含铬时呈绿或翠绿色；含钒时呈黄色；同时含铁、锰、铜时，呈淡红色；同时含铁、锰、钛、锌、钴、镍、锡时，多呈紫色等。独山玉是一种多色玉石，按颜色可分为八个品种。

绿独山玉

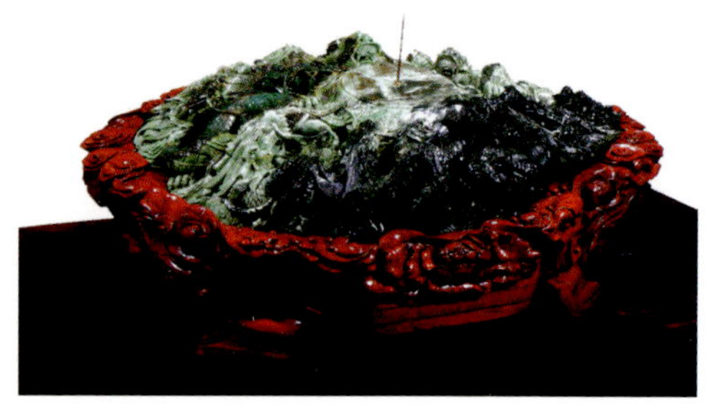
独山玉九龙晷

绿至翠绿色，包括绿色、蓝绿色、黄绿色、灰绿色，常与白色独玉相伴，颜色分布不均，多呈不规则带状、丝状或团块状分布。绿独山玉质地细腻，跟翡翠相似，具有玻璃光泽，透明至半透明表现不一，其中半透明的蓝绿色独玉为独山玉的最佳品种，在商业上亦有人称之为“天蓝玉”，或“南阳翠玉”。近年矿山开采中，这种优质品种产量渐少。而大多为灰绿色的不透明的绿独玉。

独山玉摆件拽

白独山玉

总体为白色，乳白色，白独山玉的质地细腻，具有油脂般的光泽，常为半透明至微透明或不透明，依据透明度和质地的不同又有透水白、油白、干白三种称谓，其中以透水白为最佳，白独玉约占整个独山玉的 10%。

独山玉摆件

独山玉壶摆件

红独山玉

红独山玉又称“芙蓉玉”，常表现为粉红色或芙蓉色，深浅不一，一般为微透明至不透明，质地细腻，光泽好，与白独玉呈过渡关系，此类玉石的含量少于 5%。

紫独山玉

色呈暗紫色，质地细腻，坚硬致密，玻璃光泽，透明度较差。俗称有亮棕玉、酱紫玉、棕玉、紫斑玉、棕翠玉。

独山玉摆件

黄独山玉

为不同深度的黄色或褐黄色，常呈半透明分布，其中常常有白色或褐色团块，并与之呈过渡色。

褐独山玉

呈暗褐、灰褐色、黄褐色，深浅表现不均，此类玉石常呈半透明状，常与灰青及绿独山玉呈过渡状态。其中浅色的比较好。

独山玉挂件

青独山玉

青色、灰青色、蓝青色，常表现为块状、带状，不透明，为独山玉中常见品种。

黑独山玉

色如墨色，故又称“墨玉”。黑色、墨绿色，不透明，颗粒较粗大，常为块状，团块状或点状，与白独玉相伴，该品种为独山玉中最差的品种。

独山玉挂件

独山玉挂件

独山玉三足香炉

独山玉玉佛

杂色独山玉

在同一块标本或成品上常表现为上述两种或两种以上的颜色，特别是在一些较大的独山玉原料或雕件上常出现四至五种或更多颜色品种，如绿、白、褐、青、墨等多种颜色相互呈浸染状或渐变过渡状存于同一块体上，甚至在不足一厘米的截面上也会同时出现褐、绿、白三种颜色，这种复杂的颜色组合及分布特征对独山玉的鉴别具有重要的指导意义。杂色独玉是独山玉中最常见的品种，占整个储量的 50% 以上。

独山玉挂件

颜色好坏依次为纯绿、翠绿、蓝绿、淡蓝绿、蓝中透水白、绿白、干白及杂色。独山玉以色正、透明度高、质地细腻和无杂质裂纹者为最佳。其中以芙蓉石、透水白玉、绿玉价值较高。

按品质分类

同大部分玉石相似，独山玉的品质评价仍以颜色、透明度、质地、块度为依据，在商业上将原料分为特级及一级、二级和三级四个级

独山玉摆件熊猫品竹

独山玉挂件

别。高品质独山玉要求质地致密、细腻、无裂纹、无白筋及杂质，颜色单一、均匀，以类似翡翠的翠绿为最佳。透明度以半透明和近透明为上品，块度愈大愈好。

特级

颜色为纯绿、翠绿、蓝绿，蓝中透水白、绿白；质地细腻为无白筋，无裂纹，无杂质，无棉柳；块度为 20 千克以上。

一级

颜色为白、乳白、绿色，颜色均匀；质地细腻，无裂纹，无杂质，块度为 20 千克以上。

独山玉挂件

二级

颜色为白、绿，带杂色；质地细腻，无裂纹，无杂质，块度为 3 千克以上；纯绿、翠绿、蓝绿，蓝中透水白、绿白；无白筋，无裂纹，无杂质，块度为 20 千克以上。

三级

色泽较鲜明，质地致密细腻，稍有杂质和裂纹，块度为 1 千克以上。

独山玉玉杯

玉器文化

齐家文化时期的玉器

齐家文化因首先发现于甘肃广河齐家坪遗址而得名。齐家文化主要分布在甘、青境内的黄河沿岸及其支流流域、陕西西北部、内蒙古西部和宁夏部分地区，年代为公元前 2000 年至公元前 1900 年。齐家文化玉器的材质中，不仅发现有黄河玉、青海玉，大量的马衔山黄、白、青玉，更令人称奇地出现了以精美的

齐家文化时期的玉璧

齐家文化时期的玉琮

齐家文化镶松石玉鸟踏马蹄形器

新疆和田籽料制作的玉器；足见齐家文化时期的先民们开发新玉材的聪明才智和拓展精神。

齐家文化遗址曾出土一批独具特色的玉器，内涵丰富，品种繁多，工艺精美，令人惊叹。

玉璧是中国玉器中出现最早并一直延续的品种，使用范围、数量也为历代玉器之冠。玉璧是一种圆板形、片状、中部有孔的玉器，主要有四种用途：一为礼器，二为佩玉，三为礼仪馈赠品，

齐家文化玉凤

四为葬玉。

齐家文化玉礼器还有玉钺、玉戈、玉铲等；玉佩饰是人身佩玉 ，主要有玉发箍、玉璜、玉人、玉龙、玉鸟、玉勒、玉镯、玉坠等；玉丧器是指丧葬用玉。葬玉的风俗在新石器时代齐家文化晚期已盛行，几经沧桑，在封建社会玉丧葬历久不衰。其品种有玉臁、玉塞、玉握、玉璧、玉琮等。

独山玉的特点

颜色

独山玉摆件一锤定音玉玺

独山玉颜色非常复杂，单一色调出现的玉料并不多见，多由 2 或 2 种以上色调组成，颜色产生常与所含 Cr^{3+}、Fe^{2+}、Mn^{2+}、Ni^{2+} 等色素离子有关，且表现为依附于带色的各种蚀变矿物中，其中绿色同阳起石、铬云母、绿泥石有关，淡红色与黝帘石有关，黄色与绿帘石有关。独山玉是一种多色玉石，在玉石上分布表现为二：一是各色相互浸染交错，杂乱无章，另一类大致呈平行带状，且在色相、浓度上呈渐变的关系。独山玉主要以绿色为主，绿色表现为两类：其一为透明度较好者，其颜色为暗绿色、蓝绿色、黑绿色，且蓝味较重；其二为不透明者，其绿色多为淡

独山玉原石

独山玉扳指

绿色、黄绿色，偏黄味；二者绿色欠正。除了绿色之外，独山玉还有红色、白色、黄色、褐色、黑色以及杂色等颜色。

独山玉颜色的杂乱给其选矿分级带来了困难，跟翡翠相比，大多数颜色沉闷，优质料少，但是另一方面，由于独山玉色彩斑斓，白绿相间，又加以黄、黑、紫等色，极适合玉雕制作表现，若巧用俏色，可成为俏色优质产品，其中色鲜艳者亦可做首饰。

独山玉挂件

透明度

由于独山玉内部结构及组成成分的差异，它的透明度从半透明、微透明到不透明都可以见到。例如同是白色有透水白玉和干白玉，透水白玉透明度好，主要由粒度小于0.01 毫米的斜长石组成，颗粒大小均匀，结构致密，质地细腻；而干白玉含有大量黝帘石，且粒度大，分布不均匀，质地粗糙。有的质地洁净，显示了独山玉质地的复杂性。

独山玉料

独山玉原石

质地

由于独山玉由多种矿物成分组成，与翡翠、软玉有相近的成分，它的质地近似于软玉和翡翠，具有坚韧致密细腻的性质，如脂白似白云，翠绿似翡翠；但总体来说，它的质地不如软玉和翡翠。

裂绺

独山玉有两种成因：一种是原生裂绺，因各种地质作用，将原石割裂成小碎块；另一种是开采加工过程中，受力作用而产生的次生裂绺，无方向性；裂绺影响玉石的自然块度大小和加工制作。

杂质

独山玉中常分布一些污点或暗色矿物的零星残余，俗称“灰星”，若有“灰星”，对玉石工艺品的美观和洁净度都有影响。

独山玉的功效

第三章

独山玉石对光辐射有较强的吸收力，经科技检测，南阳独山玉特别是多色玉能将电脑释放的光辐射全部吸收，而释放的离子光对人体起到治疗保健的作用，可避免对人体的伤害，如在电脑桌旁或卧室摆放独山玉，对人体健康大有益处。

独山玉镯

经医学专家研究证明，南阳独山玉的功效和李时珍《本草纲目》中的记载完全吻合。独山玉对人体健康的新作用有待进一步研究发现。

现在医疗上普遍应用的超导介入疗法是电离子将药物导入人体内，而玉石

汉独山玉猪把件

独山玉挂件

是天然离子介入，独山玉含各种离子高达72种，它对人体起到调节治疗的作用。现代科学证实，电离子超导介入是短时的，而我们佩玉是天然恒定的作用，比电离子效果更佳。

现代医学高度发达，医药效果极高，为什么很多疾病发病率却越来越高，发病年龄越来越年轻化呢？是因为我们的食物有些含有激素和毒素，许多水源受到污染，人的身体寿命受到巨大威胁，但玉石永远不会被污染，而南阳独山玉泉水是负压，从山最高处流向低处，不容易受到污染，所以说它是一种长命水、长寿水、康体水。玉石粉末是没有任何化学副作用的天然药品，玉石粉末能起到控制人体微量元素流失，平衡人体各种微量元素的重要作用，是上天留给人类健康长寿生命之源。我们知道古代很多王候将相喜欢佩玉，这并非只是显示尊贵，同时有利于身体健康。死后口中含玉对尸体起到延缓腐烂作用，如马王堆出土的女尸在长达2000多年的时间中保存完整。现代研究证实玉对人体健康、调节、治疗有很多妙用。

玉器文化

战国时期的玉器

由于战国时期社会的变革、生产力的发展以及儒家赋予玉的种种道德文化内涵，使得战国时期的王公贵族皆以佩玉为时尚。战国的玉器，突破了古

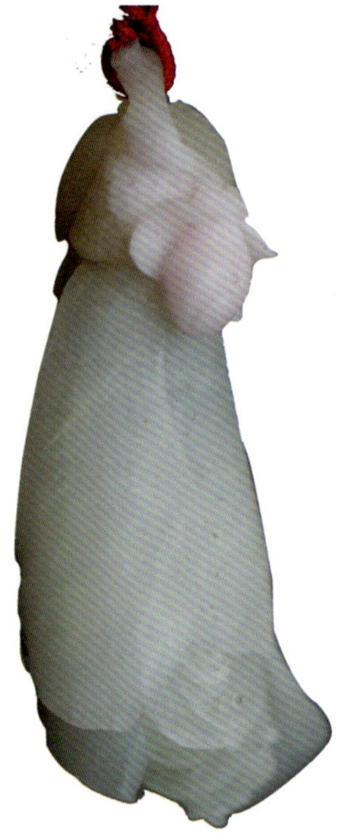
独山玉挂件

玉呆板的格调，变得生动、活泼，富有情趣。用玉习俗也从庄重拘泥的礼教场合，变得比较自由了。玉器按用途分，主要有礼器、配饰、实用器具和葬玉等四大类。礼器中的六器，至此时已完备无缺，并进入全盛期。战国时期的玉佩大有发展，可能与当时渲染的“君子比德于玉”“君子无故，玉不去身”的伦理思想有密切关系。玉带钩已大量出现，精美多变。玉器中的实用器皿品种大增，如玉羽觞、玉灯、玉樽、玉盒等，为此后的玉制实用器皿多变化发展奠定了基础。战国时期王侯用玉多使用和田籽玉，玉质细腻温润，光泽晶莹，青白色较多，偶见白玉。中小贵族均用地方玉材，是一些价格较低的本地或相距不远之地的美石。无论是浅浮雕、透雕，还是阴线刻划，均琢制得精益求精。可以说战国玉器工艺的精细程度，在中国玉器史上达到了空前的高峰。

战国时期的玉璧

战国时期的玉牒

独山玉的收藏

近年来国人掀起了藏玉高潮，和田玉、翡翠收藏热潮也愈演愈烈，价格更是高不可攀，可望而不可及。作为四大名玉之一的独山玉，深在闺中无人识，没有经过爆炒，还保持着纯净的市场环境，存在着明显的价值凹地，显示着巨大的升值收藏潜力优势。玉界著名专家杨伯达先生曾对独山玉有过这样的评价："独玉、独厚、独步、独秀。"独山玉器是集材质美、工艺美、意境美于一体的综合性艺术品，倾倒无数崇拜者，成为收藏爱好者的首选。

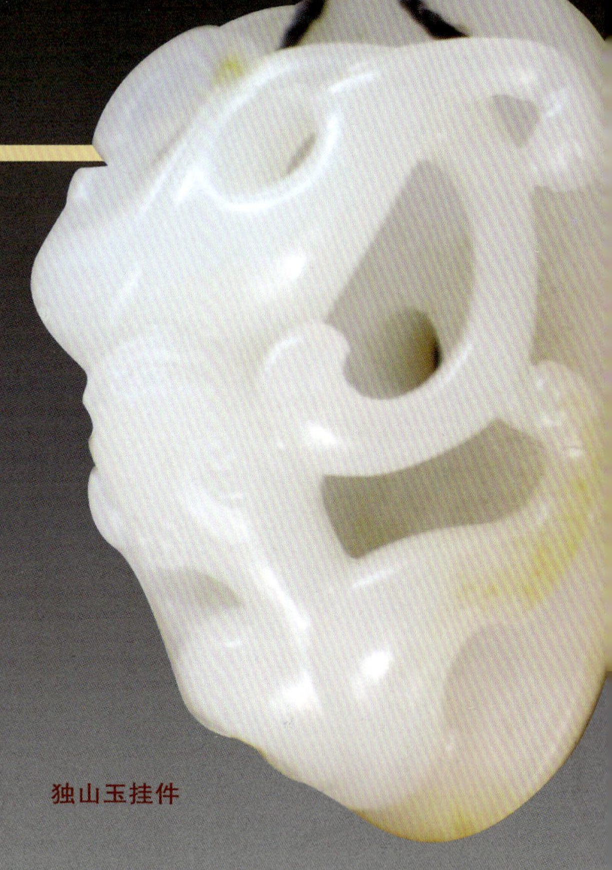

独山玉挂件

独山玉的收藏优势

物有所值

独山玉为世界上独有的蚀变斜长岩结构玉种，颜色丰富，且色彩秀丽，鲜艳纯正，适合做俏色工艺品。独山玉的色泽斑驳陆离，是玉雕的一等材料，可与翡翠相媲美，具有极高的视觉审美价值。而且肌理纹路优美，从透明到半透明，具有很强的艺术表现力。独山玉的硬度较高，在6–6.5之间，质地坚韧，玻璃

或油脂光泽。优秀的品质决定着它彩色稳定性，宜长久保存。独玉作为山料，其形状多变，独一无二，妙趣横生，给人以无限的遐思空间。

独山玉摆件

独山玉摆件傲梅

艺术价值高

材质决定着艺术设计，独山玉作品最大的艺术特色就是顺色施艺，因材取形，注重巧色、巧形、巧纹路，这也造就了独玉作品是巧夺天工、精妙绝伦的佳品。创作独山玉俏色作品的基本要求，是“一俏二巧三绝”，“俏”就是将玉料上的不同颜色澄清摘净，分别使用；“巧”就是在澄清颜色的基础上巧妙使用，用得顺理成章，用得恰如其分，用得出人意料；“绝”的要求更高，是说对玉石俏色的色形

南阳独山玉龙凤呈祥皮带扣

色调的应用，对颜色的巧妙处理以及俏色与主题的密切结合都达到绝无仅有的地步。这些说明独山玉作品具有唯一性、不可复制性，赋予了至高的艺术价值。

物以稀为贵

物以稀为贵，一个玉种的升值空间取决于它的品质和资源的储藏量。独山玉是目前世界范围内唯一探明的蚀变斜长岩结构的玉种，且仅仅出产于河南南阳北郊的独山，地质学家证实独山玉的资源是众多玉种中最稀少的。虽说和田玉的资源面临枯竭，但方圆五千米的独山和茫茫昆仑山比起来，其藏量可想而知。多年来无计划的开采，导致独山玉资源尤为紧缺，珍稀的资源储藏量决定着它的价值。

升值空间大

从收藏实惠角度讲，独山玉应该比翡翠等其他玉种潜力大，因为市面上的翡翠或其他玉种大多是一种

独山玉摆件水波仙子

玉器就有很多件，一批货可能有上百件是同样的。但独山玉则不同，就算是同样的雕件，因为独玉的玉质、颜色不同而不同，可以说每一件独山玉作品都是世上仅有的一件。这对于收藏来说，是很有收藏价值和升值潜力的。同时，相对于其他玉种价格的居高不下，独玉市场价相对要便宜得多，它的价格是近两三年才刚刚升温的，属于起步阶段，是一支“潜力股”。目前市场上，色、种全佳的翡翠手镯一支值上百万，而现在独山玉品质上佳，全绿、种水通透的手镯一支最高也不超过十万元。随着独玉热潮的逐渐兴起，升值空间巨大。

独山玉摆件

独山玉摆件

独山玉纸飞机摆件

收藏风险低

商代独山玉龟

如今玉器市场鱼龙混杂，充色造假比比皆是，令人防不胜防，但大部分都是在翡翠和和田玉上做文章。而独山玉目前还没有发现充色、造假现象，就连和它相接近的玉种也很少发现，它的可信度高，投资风险低，无疑是较好的投资选择。

独山玉的收藏攻略

风格鲜明

对于一件独山玉艺术品，质、色、形、工、意、蕴是鉴赏收藏独山玉作品的六个入手方略。首先是作品的玉质美，作为特殊工艺品，玉质美是评价一件玉雕作品的首要标准，世上无论何种玉石的优劣好坏，都以其质地进行区别，其差异会对作品价值产生很大的影响。独山玉品质佳者温润凝腻、天生丽质、颇具灵性，对玉器的雕刻无疑起着一定的助推作用。玉质不同，价格也相差悬殊，升值空间更是不尽相同。其次是工艺精，好的玉料本来就很难得，自然要求精雕细琢。创意新颖，构思巧妙，俏色巧用，

独山玉荷叶俏雕瓜型坠

玩味无穷的独玉作品当然价值不菲。再者造型生动、比例准确、动态优美的形象，平整的体积块面，流畅的线条，丰富的空间层次，优美的意境无不给人以美的精神享受。

“形”指玉器中的外观形状和雕刻的具体形象。玉雕是主体造型艺术，主要通过造型传递给观众审美情趣。玉器的“形”是设计人员根据石料的形状、色彩等条件，加以研究、深思而设计的，所谓“依势造型”是也。独山玉器造型主要拱托石之质、石之美，这是产生玉器艺术的先决条件。

“工”指玉雕的工艺和琢磨程度，它是玉器欣赏的一个重要属性。琢磨技法的优劣是鉴赏玉器品位高低的主要内容和重要砝码。表现在作品的运用上，好的刀法或洒脱俊拔，或清灵俊雅，或朴茂丰厚，或老辣沧桑，或遒劲稳健，与书法运笔同理。技法可分为圆雕、镂雕、透雕、浮雕、链雕、平雕等。无论施以何种技法，都要求线条流畅优美，透视感强，形象逼真传神，给人们如诗如画，身临其境之感，这样才能体现技艺技法之精湛。精品独山玉器是美玉、神工的完美和谐组合。

独山玉佛手把件

清代独山玉寿星

独山玉佩

独山玉兰花摆件

独山玉镂空龙凤佩

独山玉摆件

“意”指作品的选项立意，或叫创意。独山玉色彩艳丽、丰富多彩，适宜作人物、动物、花鸟、山水等雕刻，最宜表现具有生命、生态的对象，尤其适应俏色作品的制作。优秀的独山玉设计者通常都是依色赋形、依料造势、量料取材、因材施艺等。总之，同一块原料在不同的表现题材下会产生截然不同的艺术效果，优秀的独山玉作品必须形色相依、主题分明、内涵丰富、思想深邃。

“韵”指作品的神韵和意境，这是作品需要达到的最高境界。独山玉雕是无言的诗、立体的画、凝固的音乐、彩色的雕塑。只有掌握艺术法则和艺术规律，才能触类旁通，举一反三，成为技艺精湛的名家高手，雕刻出具有较强艺术感染力的作品，才能让观众在欣赏过程中，从视觉、触觉的愉悦过渡到心情的愉悦，从眼睛的直观享受上升到心、神、意、情的高度审美体验，让观众领略到形式之外的意韵和境界。

升值空间

国家级、省级工艺美术大师的作品无疑是藏家的首选。从事独山玉雕刻的人员非常多，但获得省级以上大师称号的不过 100 人。要评价一件独山玉器的价值，创作者的艺术加工无疑起到了非常重要的作用。国家级、省级工艺大师一般都具有数十年的艺术功底，娴熟的雕刻驾驭能力，所以他们的作品中自有一番大气、酣畅淋漓之感。收藏玉雕名家的作品抗风险能力强，回报丰厚。品牌厂家的作品因严格的质量把关，也可以作为收藏的对象。另外对于一些知名度不太高，作品艺术风格独特的青年艺术家的精品，也可以关注。随着他们自身艺术成就的不断提升和市场运作的展开，其作品的升值潜力将更大。

独山玉摆件

综上所述，独山玉作品以其巧妙的构思，丰富而厚重的文化内涵，必将成为未来玉器市场跃起的一匹黑马。作为玉中名宿、艺苑新贵，独山玉风头正起，势头正猛，是收藏的绝佳时机。

玉器文化

中国古玉器大致可分为礼乐类、佩饰类、仪仗类、工具类、生活用具、陈设类、丧葬类、杂器等八大类。

1. 礼乐类

在祭祀、朝享、交聘、军旅等礼仪活动中使用的一些器物，被赋予了特殊的意义，即所谓的藏礼于器。

2. 佩饰类

佩饰是指人身佩玉，佩饰种类繁多，主要有头饰、耳饰、项饰、首饰和身饰等。玉佩产生于原始社会，其中很多器形较小的板状体，器身有穿孔的各形器物都被认为是佩饰，主要有：玉人、玉龙、玉佩、玉坠、玉镯等。

玉斧

白玉碗

玉璇玑

3. 仪仗类

又叫玉兵器，主要有玉戈、玉刀、玉斧、玉戚、牙璋等。

4. 工具类

玉工具主要出现在新石器时代和青铜时代，随着青铜冶铸业的繁荣和铁器的出现，以玉材制成的生产工具逐渐消失。玉工具主要有玉斧、玉箭、玉凿、玉刀等，跟青铜器的形制差距不大。

5. 生活用具

就是玉制的器皿，例如在秦汉时期较为常见的玉角杯、玉灯、玉羽觞等。到了唐宋之后，玉杯、玉碗、玉瓶等器皿大量出现，而玉制餐具、文具、酒具等品种也开始增多。到了清代之后，玉器皿的品种以及数量都达到了鼎盛。

6. 陈设类

这类玉器主要包括玉山子、玉屏风、玉兽等器物，以清代较为多见。一些仿古的玉器也多用作陈设。此外，文房用具，如笔筒、书镇、笔架、笔洗等均是陈设类玉器。

7. 丧葬类

此类玉器简称葬玉，顾名思义，葬玉就是指为保存尸体而制成的随葬玉器。历史上的葬玉主要包括玉琀、玉握、玉塞、玉衣等。

8. 杂器类

这类玉器中较为常见的有玉如意、玉钩、玉刚卯、玉璇玑、玉带、玉剑饰等。

独山玉的鉴定

结构形态和及品种识别

独山玉常为细粒状或为板柱或纤维变晶甚至为斑杂状等多种结构，由斜长石、黝帘石及绿帘石、黑云母、铬云母和透辉石等多种矿物呈他形至半自形晶紧密镶嵌构成板块、条带状等构造，形态为致密块体。独山玉的颜色非常丰富，有30多种色调，有“多色玉石”之称。颜色不均，其主色有白、绿、紫、黄（青）、红和黑色等。其颜色主要取决于组成的矿物，即矿物组合不同。然而，组成独山玉的矿物组分相当复杂，所以其颜色就多种多样。独山玉以色正、透明度高、质地细腻和无杂质裂纹者为最佳。其中以芙蓉石、透水白玉、绿玉价值较高。具体情况如下表所示：

独山玉手镯

名称	颜色	主要矿物组成	其他
白独山玉	乳白色或带灰白色	斜长石、黝帘石、绿帘石、绢云母	质地细腻、玻璃或油脂光泽、半透明
绿独山玉	翠绿绿或蓝绿色	斜长石、络云母、黑云母	玻璃光泽、半透明、粗看颇似翡翠，但绿色的是片状络云母
紫独山玉	淡紫、紫、亮棕色	斜长石、黝帘石、黑云母	玻璃光泽、微透明
黄独山玉	褐黄、黄绿或什黄色	斜长石、黝帘石、绿帘石、榍石、金红石	玻璃光泽、微透明
青独山玉	青色或深蓝色	斜长石、辉石	玻璃光泽、微透明
红独山玉	粉红色、芙蓉色	斜长石、黝帘石、透辉石、绿帘石	玻璃光泽、半透明
墨独山玉	黑色、墨绿色	斜长石、黝帘石、绿帘石	玻璃光泽、不透明至微透明
杂色独山玉	多呈白、绿、黄、紫相间的条纹、条带以及绿豆花、菜花和黑花等	斜长石、黝帘石、绿帘石、络云母、黑云母	玻璃光泽、不透明至半透明

原石的鉴别

独山玉原石以其颜色鲜艳而混杂、细粒状结构、硬度 5.5–6.4、相对密度变化 2.7–3.2、性脆为特征，必要时打下碎片或切薄片进行岩矿鉴定，即可识别。

成品的鉴别

独山玉的颜色鲜艳而又复杂，色块多，一般在同一件玉器或首饰上，可有白、绿、黑绿和褐等多种颜色并存。在中、低档玉石中，这种紫褐色和斑杂色是独山玉独有的特点。

独山玉常为细粒状结构；玻璃或油脂光泽；透明度较好，呈微透明、半透明。一些粒度较粗的玉石件，也可见解理和晶粒界面反光表现出的“翠性”。

独山玉富贵有余挂件

独山玉的保养

（1）避免与硬物碰撞，尽管玉石的硬度很高，但是受碰撞后很容易裂，有时虽然用肉眼看不出裂纹，其实玉表层内的分子结构已受破坏，有暗裂纹，这就大大损害其完美度和经济价值。

清代独山玉挂件

（2）尽量避免灰尘，日常玉器若有灰尘的话，最好用软毛刷清洁；若有污垢或油渍等附于玉面，应以温淡的肥皂水刷洗，再用清水冲净，切忌使用化学除油污剂液。

（3）不用佩挂件时最好妥善放置，可以放进首饰袋或首饰盒内，以免擦花或碰损。

（4）最好不要与香水、肥皂、化学剂液和人体汗液接触。众所周知，汗液带有盐分、挥发性脂肪酸及尿素等，玉器接触太多的汗液佩戴后又不即刻抹拭干净，即会受到侵蚀，使外层受损，影响本有的鲜艳度。

（5）避免阳光长期直射，玉器要避免阳光的暴晒，因为玉遇热膨胀，分子体积增大，会影响玉质。

（6）佩挂件要用清洁、柔软的白布抹拭，这样有助保养和维持原质，不宜使用染色布、纤维质硬的布料。

（7）玉器要保持适宜的湿度，玉质要靠一定

独山玉挂坠

独山玉挂件

的湿度来维持，若周围环境很干燥，里面的天然水就容易蒸发，从而失去其收藏的艺术和经济价值。

玉器文化

汉代的玉器

汉代是我国大一统的封建盛世，强大的国力促使其手工业生产亦相当繁盛，玉器在当时也攀上了古代玉器发展前期的最高水平。可以说，汉代玉器是中国玉文化史上一个大的转折点，是一个弃旧图新的时代。

汉代是中国文化史上的一个黄金时代。人们在思想上崇尚礼仪、注重节气。

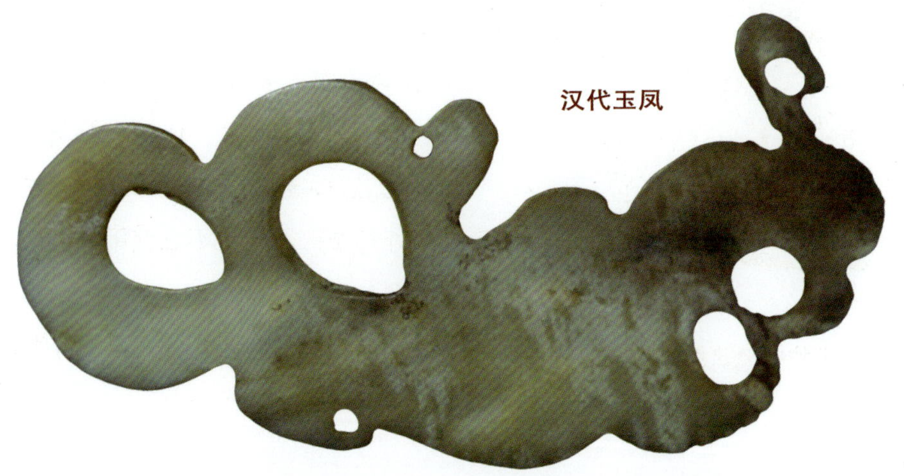

汉代玉凤

汉独山玉璜

玉器发展到汉代，因为儒家学说从礼制上能维护封建国家制度，故汉武帝首先“罢黜百家，独尊儒术”，从而使以礼器、佩饰为主的玉器体系，得到了很大扶持。

汉代进入铁器时代，用玉制作生产工具、兵器已属少见。由于奴隶社会的消亡，玉石用于礼器者亦日益减少，做饰物者渐多。汉代玉器继承战国玉雕的精华，继续有所发展，并奠定了中国玉文化的基本格局。具体细分，汉代玉器可分为礼玉、饰玉、陈设玉、葬玉四大类。

汉代出现了玉衣、玉握、玉枕、玉剑，此类玉剑有剑首、剑格、剑心、剑柄，佩玉中出现玉舞人、玉鹰、玉熊、玉仙人、玉马、玉辟邪、玉玺印、玉鸠杖首、“九窍”玉器（眼塞、鼻塞、耳塞、口塞、肛门塞、生殖器塞），仕女形在汉代佩玉中居多，玉雕动物在汉代也常见。玉带钩、玉剑饰以及葬玉等，特别是汉代盛行玉匣葬（玉衣葬）用的玉衣，是这个时期的珍品。而最能体现汉代玉器特色和雕琢工艺水平的，除了葬玉，就是陈设玉。

民间故事——“扯淡碑”的由来

河南淇县有一“扯淡碑”，碑文有一行字：再不来了。关于此碑，有这样一个历史故事。

明朝人莫怀古，家中藏有一个用南阳独山玉雕琢而成的杯子，并为其取名为一捧雪。此杯的奇特之处在于，在杯子里斟满酒后，杯中就会出现一朵朵美丽的花球，非常漂亮。

莫怀古为人善良，乐于助人。一天他的仆人莫成遇见一个以装裱字画为生的落难人，名叫汤勤。莫成看见之后心生怜悯，就把他带回了莫家，莫怀古见汤勤能写会画，就收留了他。

北宋独山玉“平安环”

明代鱼化龙饰

哪知竟就此埋下祸患。汤勤实际上是个好色之人，他见到莫怀古的夫人雪艳美艳动人，竟大胆调戏，莫怀古知道后很生气，马上把他辞退了。但是很快，汤勤转投到严嵩的门下作了门客，为了讨好主子，他对严嵩说了莫家的宝贝——一捧雪。

严嵩就派人去莫家索要，莫怀古假装要隆重奉献，

独山玉把玩件

暗中请人造了一个假的送上严府。莫怀古原以为自己的计划天衣无缝，不料竟然酿成了大祸。其实汤勤本来就知道一捧雪的秘密，一试便知真假。严嵩派人去莫家搜要，但此时莫怀古早就带着家人逃走了，严嵩下令捉拿莫怀古。在河北蓟州，莫怀古被官兵抓到。蓟州知府戚继光是莫怀古的同窗，要搭救莫怀古，莫怀古不想连累戚继光。而他的仆人莫成愿意代替自己的主人去死。于是戚继光便放走了莫怀古，斩了莫成。但是这并没有骗过狡诈的汤勤，他还抓住了莫怀古的妻子雪艳。汤勤逼迫雪艳和他成亲，雪艳假装答应，在洞房之夜，怀刀刺死汤勤，然后自杀。

莫怀古仓皇出逃，在淇县一家庙里做了和尚，寻找报仇的机会，可是一直找不到。在临死的时候，他才明白司马迁在《伯夷叔齐列传》里的悲愤，什么天道无亲、常与善人，什么天理昭彰、善恶有报，全是扯淡。

他死时嘱咐后人，为他立一碑石，上书：扯淡，再不来了。

独山玉翘盼福音方牌

第四章

东方圣玉—— 绿松石

绿松石工艺名称为“松石”，因为它的形状好似松球，而且其颜色近似于松绿，因此而得名。其英文名称 Turquoise，意思为土耳其石。但土耳其并不产绿松石，传说古代波斯产的绿松石是经土耳其运进欧洲而得名。绿松石是古老宝石之一，有着几千年的灿烂历史，深受古今中外人士的喜爱。早在古埃及、古墨西哥、古波斯，绿松石就被视为神秘、辟邪之物，被人们当成护身符和随葬品。

古波斯人向世界各个国家输送绿松石的历史已经超过 3000 年，绿松石在当时受到各个国家的喜爱，真可谓供不应求，如今市场对于绿松石的需求依旧很大，以至于全世界的人们不仅致力于开矿，还致力于仿制和再造绿松石。

北美土著人、古印加人和阿兹特克人也非常崇拜这种宝石，在他们的出土文物中发现了大量完好的镶嵌绿松石的古代首饰，其中包括护身符。在我国河南郑州大河村仰韶文化（距今 4400-6500 年）遗址中出土两件绿松石制成的 28 厘米长的鱼形

绿松石手链

河南二里头遗址出土的绿松石

饰物。在公元 5500 年前，古埃及就在西奈半岛上开采绿松石，第一王朝时埃及国王曾派出组织精良并有军队护卫的两三千人的劳动大军，寻找并开采绿松石。考古者在古埃及著名的图坦卡门王黄金面具上发现，上面使用了大量的绿松石镶嵌。此外，考古者还发现在 5000 多年前埃及皇后的木乃伊手臂上戴有四只用绿松石镶嵌的黄金手镯，1900 年挖掘时，饰品依然光彩夺目，堪称世界奇珍，它也被公认为世界上最古老珍贵的绿松石制品。

清末火镰

没有发明火柴时的打火工具，镶有 3 粒绿松石之类的饰品。尺寸：长 13 厘米，宽 10 厘米。

绿松石质朴典雅，千百年来受到许多国家的人们的宠爱，甚至达到迷信的程度。古印第安人把绿松石当作圣石，他们认为佩戴绿松石饰品可以辟邪，并得到神灵的保佑，此外绿松石还象征着“信赖和信任”，给远征的人带来吉祥和好运，可以趋吉避凶，转危为安，被誉为成功幸运之石。他们认为绿松石的蓝绿色是来自天空的颜色，而天空则是空气的来源。因此他们认为佩戴绿松石，有利于肺和呼吸系统，也有利于眼睛，还能阻挡宇宙射线的伤害。更为有趣的是，中世纪德国青年男女订婚时，男子都要送未婚妻一枚绿松石戒指，若绿松石由

蓝变绿，就认为未婚妻失去了贞洁，婚约将被解除。为了不致受骗，未婚妻要将绿松石戒指妥为保存。仅在未婚夫召见时才肯佩戴。它的石语就是：温馨、吉祥与生命。

在我国藏族同胞的文化中，普遍认为绿松石是神之化身，是权力和地位的象征，是最为流行的神圣装饰品。绿松石被用于装饰第一个藏王的王冠，也被当作神坛的供品。

绿松石是国内外公认的“十二月生辰石”，象征着成功与必胜，有“成功之石”的美誉。绿松石属优质玉材，中国清代称之为天国宝石，视为吉祥幸福的圣物。

绿松石手链

清代绿松石盘扣持珠

绿松石圆条手镯

老天然绿松石和琥珀纯银吊坠

绿松石摆件

绿松石的种类

按结构、光泽和质地分类

绿松石质地细腻、柔和，硬度适中，色彩娇艳柔媚，但颜色、质地、光泽差异较大。一般情况下分为四个品种，即瓷松、绿松、泡（面）松及铁线松等。

老银镶绿松石手镯

瓷松

瓷松是质地最硬的绿松石，质地细密坚实，硬度为 5.5-6。因打出的断口近似贝壳状，抛光后的光泽质感均很似瓷器，十分光亮，故而得名。瓷松通常颜色为纯正的天蓝色，是绿松石中最上品。

清代乾隆时期的绿松石地开窗矾红

绿松石兽首坠

绿松

颜色从蓝绿到豆绿色，硬度在4.5-5.5之间，比瓷松稍微低一些，在绿松石中属于中等品质。

绿松石项链

铁线松

绿松石中有黑色褐铁矿细脉呈网状分布，使蓝色或绿色绿松石呈现有黑色龟背纹、网纹或脉状纹的绿松石品种，被称为铁线松。其上的褐铁矿细脉被称为“铁线”。铁线纤细，粘结牢固，质坚硬，和松石形成一体，使松石上有如墨线勾画的自然图案，美观而独具一格。具美丽蜘蛛网纹的绿松石也可成为佳品。但若网纹为粘土质细脉组成，则称为泥线绿松石。泥线松石胶结不牢固，质地较软，基本上没有使用价值。

泡松

泡松呈淡蓝色到月白色，质地松散，硬度在 4.5 以下，用小刀能刻划。因为这种绿松石软而疏松，几乎不能使用，只有较大块才有使用价值，为质量最次的松石。但在绿松石原料日益缺乏的今天，常采用注塑、注蜡以及染色等人工处理方法，改善其质量及外观，因此也可“废物利用”。

说说看

依据颜色、光泽、质地、块度等特性，中国的工艺美术界一般将绿松石划分为三个等级：

一级绿松石

呈现明艳的天蓝色，色调纯正、匀称，光泽很强，微透明至半透明，表面有玻璃感。质地致密、细腻、坚实，没有铁线或者其他缺陷，块度大。

二级绿松石

呈现深蓝色、翠绿色或者蓝绿色，光泽较强，微透明。质地坚实，铁线或者其他缺陷很少，块度中等。

三级绿松石

呈现浅蓝色、蓝白色或者浅黄绿色等，光泽较差，质地比较疏松且僵硬，有明显铁线、白脑、筋、糠心等缺陷，块度大小不一。

玉器文化

盛唐时期的玉器

唐代玉料以和田青白玉为主，也不乏黄玉、墨玉、白玉等玉器，此外，还有大量的岫玉、透明水晶等。唐代朝廷玉器有祭祀及礼仪两大系列，前者主要是封禅用玉册和帝王盖棺论定的玉哀册；后者有玉带板、玉步摇等。唐代的丧葬玉几乎绝迹，佛教玉器、实用玉器皿、摆饰玉大行其道。

这时的玉雕品种中，实用器占很大比重，随着对外文化和贸易的交流，佛教日

绿松石饰品

绿松石项链

唐代胡人献宝

渐兴盛，玉雕工艺在造型和技法上充分体现了东西方文化交流的成果。唐代使用显示品级高低的玉带，并有明确的用玉制度。

唐代的礼仪玉，已不用周代的琮、璧等“元器”，目前所知只有禅地玉册与哀册两种。唐代玉器加工技艺已趋成熟，技法简练遒劲，突出形象的精神和气韵，颇有浪漫主义色彩。尤其是立体肖生形象的肌肉转折处理能收到天然得体的良好效果。雕琢技法继承了传统的减地、压地、剔地、镂雕、圆雕等手法，并加以改进和创新。唐代玉器玉料精美，种类多样，工艺精湛，内涵丰富，以超凡的文化艺术品质在中国悠久的玉文化历史上留下了光辉灿烂的一页。

玉飞天

绿松石的特点

第四章

绿松石是中国四大名玉中最具宗教色彩的玉石，也是古董收藏者较为钟爱的宝贝。绿松石常与高岭石、石英、云母、褐铁矿、磷铝石等共生，高岭石、石英、褐铁矿等加入的比例将直接影响绿松石质量。绿松石以不透明的蔚蓝色为主要颜色，也有淡蓝色、蓝绿色、绿色、浅绿色、黄绿色、灰绿色、苍白色等颜色。其中以天蓝色的瓷松，犹如上釉的瓷器为最优。

绿松石手绳

绿松石的特点具体如下：

（1）颜色：绿松石质地并不均匀，颜色深浅不一，常含有浅色条纹、褐色、黑褐色的纹理和色斑，宝石学专业称为铁线，是由

绿松石手镯

绿松石老件坠

褐铁矿和炭质等杂质聚集而成，也是鉴定绿松石的重要特征。

（2）光泽与透明度：蜡状光泽，亚玻璃光泽。一些浅灰白色的绿松石可具土状光泽。

（3）折射率：1.61-1.65，一般情况在 1.62 左右。

（4）硬度：一般摩氏硬度 5-6，绿松石的硬度越低，孔隙就越多，越具备吸水和易碎的缺点。因此汗渍、污渍、油渍、铁锈、茶水、化妆品等均可能顺孔隙进入绿松石内，导致难以去除的变色。

（5）密度：密度也有较大差别，孔隙多的质地疏松，孔隙少的致密坚硬。

（6）发光性：在紫外线照射下有淡黄绿色到蓝色的荧光，短波荧光不明显。X 射线照射下也无明显的发光现象。

（7）吸收光谱：在蓝区 420nm 处有一条不清晰的带，432nm 处有一条吸收带，有时于 460nm 处有一条模糊的带。

（8）热学性质：遇热通常会爆裂成碎片，变为褐色，火焰下呈绿色。

绿松石双银鱼耳钩一副

绿松石的功效

绿松石是国内外公认的“十二月诞生石”，代表胜利与成功，有“成功之石”的美誉。它代表着温馨和生气，象征着吉祥、永恒和成功。从医学角度来说，纯天然绿松石含有多种人体所需的微量元素。长期佩戴绿松石饰品能促进细胞再生，增强免疫力，强壮身体，具有祛病除邪，稳定情绪，增强大脑反应力等功效。

经常佩戴绿松石可加强财运及勇气，有助心境平和，广结人缘，并能助人经常保持开朗和坦荡的个性，使人更容易释放出爱的能量。

清代绿松石釉首饰盒

绿松石的收藏

绿松石的收藏跟传统的和田玉、翡翠相比，比较小众，虽然绿松石的价格涨幅不如前者一样迅猛，但从 2007 年开始也是一路走高。而且由于“新货”的货源逐渐紧张，市场上年代久远的“老松石”则受到热捧。绿松石的市场价格一般视品质高低在 2500-1 万元 / kg，但宝石级珍品则可达到 1-10 万元 / kg。就目前绿松石的市场上来看，超过 15kg 的上等绿松石较为罕见，因此超过 15kg 的绿松石就不能仅按重量来确定其价格，它的收藏价值要高许多。

“新货”先鉴定品质然后再按克卖，跟和田玉原石、翡翠原石的计价方式类似，但是有纹饰和年代的绿松石挂件或者摆件就不是这样。绿松石虽被视为杂项中的“小众”，但由于其在我国藏传佛教中被视为“圣物”而附加的文化价值在近年来引起不少收藏者的注意。绿松石的价格在这几年持续走高，但还没有被“热钱”看上，所以上涨幅度并不大，应该是投资的最佳时期。

收藏老松石要比收藏新松石更加赚钱，一位收藏者在 2003 年的时候，用

一对清代玉嵌宝插屏

高 22 厘米，宽 12 厘米，玉径 12 厘米。嵌绿松石等，是难得的珍品。

500元买下一枚老绿松石材质的光面挂件，现在的价格则达到6000元，甚至更多。绿松石在十年之间涨了十倍，甚至更多，上涨幅度虽然较大，但和其他玉石相比涨幅仍然过小。带有藏族纹饰和文字的绿松石老挂件上涨得更多，在低端收藏市场上已经比较少见，所以新石仿古的现象也很多，要注意分辨。

造假泛滥 精品绿松石价比黄金

尽管拍卖会上的绿松石摆件动辄拍出百万的高价，但在市场上，这种被称为“绿松石”的石头似乎很常见。而各种绿松石之间，颜色、纹理、杂质各不相同，一条所谓“绿松石”材质的佛珠仅几十元，颜色以蓝绿色为主，而这些颜色则是优质绿松石特有的色彩。

看上去是艳蓝色，和天然绿松石一样在缝隙处有“铁线”，且价格便宜，在市场上大量出现……其实懂绿松石的人都知道这些都是人工合成的绿松石，目前国内的绿松石市场比较混乱，这些人工合成的绿松石不少被用作首饰和服饰加工，也有做成佛珠、手把件、挂件、摆件等冒充天然绿松石出售的情况。和国内湖北等地出产的绿松石相比，这些合成绿松石的颜色偏蓝，是用石料染

藏银嵌绿松石链坠

色而成。

绿松石在国际市场上的表现显然要优于国内市场，就如同有色宝石收藏在国内一直不温不火一样，在国际市场，顶级的“蓝色瓷松”可以和黄金比价。国内市场上出现的价格低廉的蓝色绿松石实际上多为仿冒。

品种难辨别新手玩家入市需谨慎

那到底什么样的绿松石值得我们收藏呢？收藏绿松石是否应该看产地？或者凭借鉴定证书来确定绿松石的真假？这都是新手玩家初入绿松石收藏市场的疑问。

天然绿松石童子戏佛鼻烟壶

珠宝鉴定中心的工作人员表示，目前来做绿松石鉴定的还不多，并且珠宝鉴定也仅能将其鉴定为“松石”，这个鉴定只能证明其是天然而非合成的矿石，但无法得出“具有收藏价值”这种结论。因为松石种类众多，市场价格差异极大，难以仅凭一纸鉴定证书确定其价值。

在首饰界流行较多的“美国松石”，由于颜色更偏于蓝绿色，且经过打磨和提纯后会更加光亮，成为时尚人士的新宠。不过收藏界的专家也提醒消费者，这种美国松石产量较大，密度较低，没有什么收

绿松石把玩件

藏价值。目前国内以湖北出产的绿松石为佳。由于怕油怕碱，绿松石并不适合长期把玩，否则会出现变色等现象。并且由于绿松石质地较脆，雕刻不易，应防止硬物撞击，而雕工精美、年代久远的绿松石更有收藏价值。

人工合成的绿松石颜色为天蓝色、淡蓝色、绿色、淡黄绿色、颜色统一，无光泽度，在 50 倍放大镜下观察，可见球状结构。

玉器文化

宋代时期的玉器

北宋的统一带来了文化经济的繁荣，特别是宋徽宗赵佶的嗜玉成瘾，对玉器的发展产生了巨大影响。此时的皇家用玉品种丰富多样，玉器可归为五类：饰玉、实用玉器、陈设玉器、仿古玉器、礼玉，到了宋代，玉制工具和葬玉已经基本消失。

饰玉有玦、玉钗、玉环、戒指、手镯、项圈、鸡心佩、簪、玉带、带钩、长方形玉饰、三角形玉饰等。

实用玉器有器皿，如杯、盘、盏、

宋代水苍玉三童女足敦式炉

壶等。

宋代实用玉器皿不仅比唐代品种多，数量也多。文房玉具已不再仅仅是文人把玩的玉件，而且出现了可供文人书写的实用具。

文具有笔筒、笔洗、笔架、纸镇、砚、印池、玺印等。

其他玉器有帐坠、扇柄、刀把、梳背等。

陈设玉器有瓶、炉、盒、壶、山子、插瓶、花插、挂屏、动物、人物、瑞兽等。

宋代出土古玉增多，滋长了仿制古玉之风。其中仿古玉礼器有璧、杯、簋、玉剑饰、圭、璋等，仿古铜器形玉器有鼎、彝、樽、匜等。

宋代白玉鹦鹉

宋元青玉瓶

绿松石的鉴别

从特征方面来辨别

优良品质的绿松石在50倍的放大镜下观察，是看不见晶体的，只有在3000倍电子显微镜下观察，方能看到清晰的颗粒界限及基质中的深蓝色染料颗粒，针状小晶体1-5微米，质地非常细腻，抛光面上好似上了釉的瓷器，劣质绿松石硬度弱，质地粗糙，孔隙多。

绿松石釉缕空花篮

观看颜色

绿松石有浅蓝、中等蓝色、绿蓝色、绿色等多种颜色，颜色斑驳，有暗色斑点和纹理。优良品质多为天蓝色、淡蓝色、绿蓝色、绿色带蓝的苍白色，在颜色均一的块体上有分布不均的白色条纹斑点或褐黑色铁线。

铁线检验法

由于天然绿松石的组成非常复杂，铁线就成为鉴定绿松石的重要标准，如果是天然绿松石，我们观察表面铁线，比较有立体的感觉，由于是自然产生，铁线有粗有细，且分布的情形也有疏密不同，具有天然的真实美感；合成绿松石的铁线用手摸会感到平滑，没有立体感，铁线粗细大致差不多，且看起来的感觉较不自然。

绿松石手机链

区分天然与人工绿松石

合成绿松石具有典型的蓝色微小颗粒，有时表面有人工“铁线”。染色的羟硅硼钙石是一种便宜的绿松石仿制品，简单的鉴别方法是在查尔斯滤色镜下显粉色。

成分检验法

我们可以从成分去区别，天然绿松石杂质较多，如高岭石、埃洛石等粘土矿物，它们常集结成细小的斑块和细脉充填于绿松石间，还可见到石英微粒集结的团块，褐铁矿和炭质所形成之黑褐色纹理和色斑。而吉尔森合成绿松石成分较均一。

绿松石原石

表面观察法

因为合成材料硬度不高，其表面过一段时间就会出现绿蓝色的碎屑物质，并有裂纹。

放大观察法

合成绿松石结构单一，在放大镜下可以看到一种球粒状结构，像无数个紧密堆积的小球粒，而天然绿松石通常呈现致密块状、肾状、钟乳状、皮壳状等集合体，非常容易分辨。

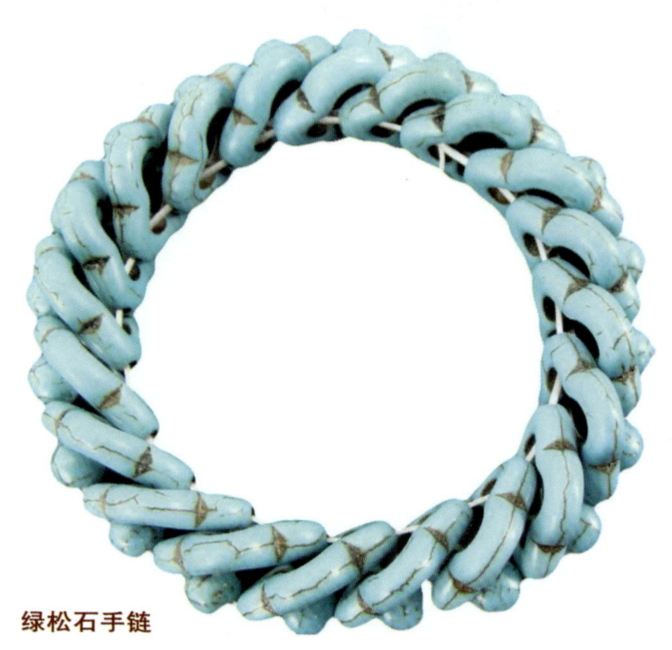
绿松石手链

绿松石的保养

（1）大多数绿松石有很多孔隙，会吸收擦手油、润唇膏和香水等，在我国的传统工艺中，会在绿松石的表面涂上一层石蜡，以增加绿松石的色泽，同时也起到了保护绿松石的作用，但在佩戴时仍应注意汗迹、油污等，避免与化妆品和皮肤油脂过多的接触，以免腐蚀绿松石饰品。还要避免与茶水、饮料、肥皂水、酒精、油污和铁锈等接触，以防污物顺孔隙渗入绿松石使之变色。

（2）绿松石颜色娇嫩，怕高温，避免将绿松石置于高温环境和阳光直射，因为长时间曝晒会使绿松石因失水而产生裂纹和褪色，过高温度的烘烤会使绿松石变脆易碎。尽量将绿松石储存在阴凉干爽处，并于佩戴后用清水洗净，擦干保存。

（3）绿松石手链硬度较小，在佩戴和保存时都应避免与其他硬度大的首饰或物品相碰撞。不要把绿松石放入超声波清洗机中，一方面有孔的绿松石会吸收溶液使自己褪色；另一方面超声振动时由于和其他珠宝相接触，无论有孔的还是致密的绿松石表面都可能受到破坏。

绿松石把玩件

精美的绿松石玉器

玉器文化

明代的玉器

明代玉雕的繁荣超过了宋代，品种增多，造型、工艺上都有进步。特别是明代宫廷玉器全面发展，并逐渐走向成熟阶段。民间玉雕业发展则有所衰落，无论是原料还是工艺，都与宫廷有很大差距，但一些小饰件也有工艺较好的。

明清时期是中国古代玉器发展的第三个高峰，集中华几千年玉文化之大成。玉器制作不但继承发展了线刻浮雕、圆雕等技法，并与新的绘画、雕塑工艺结合，且吸收西亚和西洋的工艺成就，制作出了具有中国古代玉器最高水平的作品。明代玉器出现了一批经典作品，明汪兴祖墓出土的玉带板，朱翊钧墓出土的玉圭、玉带钩、玉盂、

明朝定陵出土玉碗

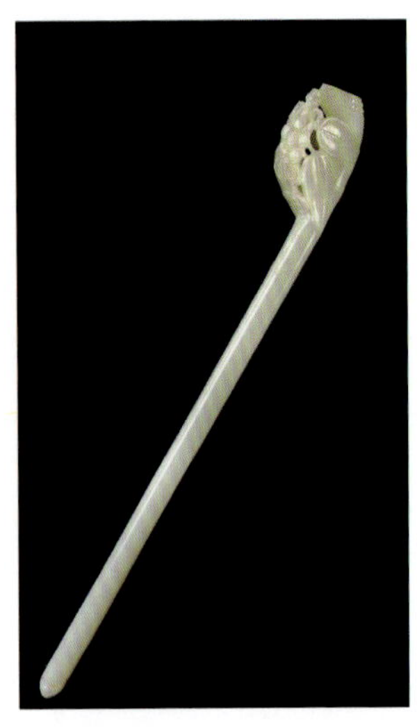

明朝玉钗

明代晚期白玉子冈牌

玉碗、玉壶、玉爵、玉佩等，可以代表这时期玉器的特点。

壶、爵、杯是实用的玉茶酒具，是明代最具特色的玉器造型。明代玉壶的大量增加，与其时饮酒茶之风的兴盛有关。琢工刚劲有力、粗犷浑厚，往往忽略细部的琢制。

明代玉器工艺的发展经历了早中晚三个时期。前期保留元代的深层立体雕刻，中期出现分层镂雕手法，明晚期则出现了大量的仿古玉器，且仿古玉器的技艺日臻成熟。

明玉器渐趋脱离五代、宋玉器形神兼备的艺术传统，形成了追求精雕细琢装饰美的艺术风格。同时，古玩界为适应收藏、玩赏古玉器的社会风气，还大量制造了古色古香的古玉器赝品。明代玉器从器型上看，主要有玉礼器、装饰用玉、文房用品和日用器皿等。玉礼器主要有玉璧、玉圭；装饰用玉有玉带板、带钩、带扣、玉簪、鸡心佩、花片、方形玉牌等；文房用品有玉笔、笔架、玉砚、水洗等；日用器皿有玉盒、玉杯、玉壶、金托玉执壶等。

明代玉雕辅首

明代定陵出土的玉盂

第五章 古代名玉——蓝田玉

蓝田玉是古代名玉，早在秦代即采石制玉玺，而唐代及以前的许多古籍中都有蓝田产美玉的记载。据记载，唐明皇就曾命人采蓝田玉为杨贵妃制作磬（一种打击乐器）。其《汉书·地理志》，说美玉产自“京北（今西安北）蓝田山”。其后，《后汉书·外戚传》、张衡《西京赋》《广雅》《水经注》和《元和郡县图志》等古书，都有蓝田产玉的记载。至明万历年间，宋应星在《天工开物》中称：“所谓蓝田，即葱岭（昆仑山）出玉之别名，而后也误以为西安之蓝田也。”

根据亚洲宝石协会（GIG）地方玉石研究报告：蓝田玉是中国开发利用最早

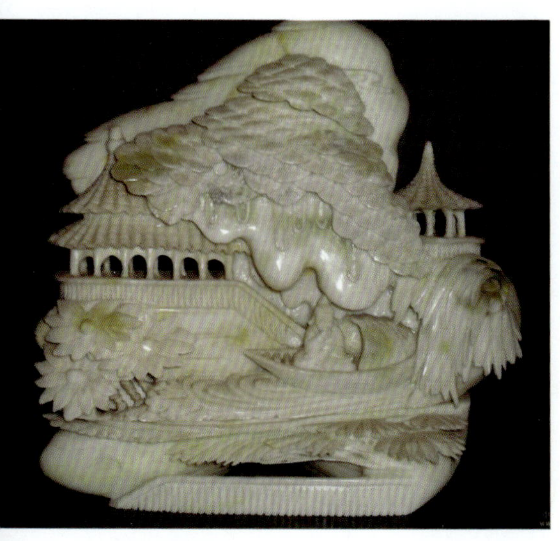

蓝田玉摆件

蓝田玉酒具

汉代蓝田玉天鹿

蓝田玉观赏石

的玉种之一，迄今已有4000多年的历史了。田县位于西安市东南，县城距西安40千米。县境除东、南部为秦岭山区外，余为川原丘陵地带。绕流长安的八水中的灞河和浐河即发源于此，著名的白鹿塬便夹居于灞、浐之间。战国时期，秦置蓝田县，因为玉之美者曰蓝，县产美玉，故名蓝田。现为西安市辖县之一。

人类聪明智慧的祖先，至少在新石器时代晚期就发现了蓝田玉这样坚硬的品质、细腻的纹理与美丽的颜色，用之于制造工具和礼器。到了战国时期，蓝田玉得到较大规模的开发，甘肃天水市发现的战国大玉钺，有着蓝田玉特有之绿灰色和斑驳的纹理。

老蓝田玉狮子一对

蓝田玉的种类及特点

蓝田玉财神

蓝田玉有翠玉、墨玉、彩玉、汉白玉、黄玉，多为色彩分明的多色玉，色泽好，花纹奇。据近年勘测，蓝田玉储量达 100 万立方米以上，主要分布在玉川乡和红门寺乡。当地民间玉匠过去都是用人工采玉加工，近年来开始使用机械采石加工，生产出多种多样的装饰品和工艺品。如玉杯、玉砚、玉镯、健身球等。不少玉石品隐现出天然的山水图像，不失为物美价廉的工艺品。

陕西蓝田玉俗称“菜玉”，质地坚硬，色彩斑澜，光泽温润，纹理细密，一玉多色，其矿石主要构成有蛇纹石化的大理石，透闪石、橄榄石及绿松石、辉绿石、水镁石等形成的沉积岩;化学成分有二氧化硅、氧化铝、氧化镁、氧化钠氧化钙、氧化铜、三氧化二铁等。摩氏硬度 2-6 度。是良好的玉雕和制作工艺美术品原料。

蓝田玉吉祥物挂件

蓝田玉手镯

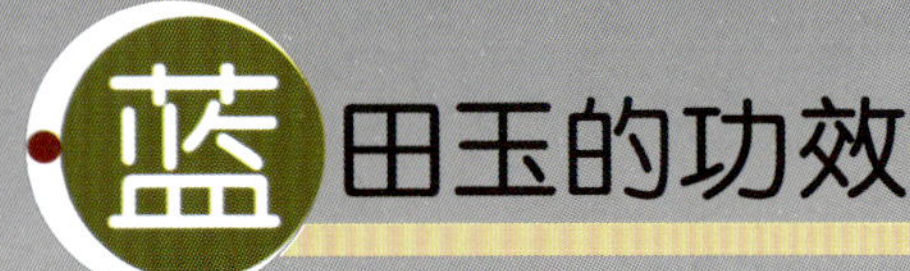

蓝田玉的功效

蓝田玉经物理化验表明，其中含有对人体有益的钙、铁、钾、钠、锰、铜等多种微量元素。对人体有舒筋活血，养颜等功效，蓝田玉被视为保健玉。经常佩戴玉器能使玉石中含有的微量元素通过皮肤吸入人体内，从而平衡阴阳气血的失调，祛病保健益寿。

蓝田玉麒麟

蓝田玉的收藏

第五章

历代皇室和显贵都视蓝田玉为珍宝，秦始皇曾用蓝田玉做玉玺，杨贵妃的玉带也是蓝田玉。用蓝田玉制成的玉器翠色晶莹，神韵横生，有的如苍松翠柏，行云流水；有的似百鱼戏游；有的状如牡丹，连菊怒放，翠竹挺拔；有的如熊猫噬竹，猛虎啸谷，丹鹤飞翔，百鸟朝凤；有的重墨泼洒；有的乳白如脂；有的绿如翡翠；有的淡黄似金。这些虚实相兼、神态各异的产品，使自然美中又增添了无限情趣，深受国内外消费者的青睐。其产品行销全国，远销欧美。蓝田玉及其工艺品已成为陕西地方的一个支柱产品，享誉中外。

蓝田玉的鉴别

偏光显微镜下的特征

陕西蓝田玉为蛇纹石化大理岩，方解石主要为粒状结构，叶蛇纹石主要为隐晶质结构、鳞片变晶结构；并可见蛇纹石交代大理岩形成的隐晶质结构，还可见含有晶形保存较好的透辉石、橄榄石及少量白云母等矿物。

电子探针结果表明

陕西蓝田玉的化学成分与方解石和叶蛇纹石的理论值非常接近，高含量组分是Si、Mg和Ca的氧化物，低组分含量主要是铁的氧化物、铝的氧化物，次为钾、钠、锰、钛、铬的氧化物，其中叶蛇纹石中铁的含量偏高。

蓝田玉挂件

X 射线粉晶衍射测试结果表明

陕西蓝田玉中透明的黄色、绿色部分的主要矿物成分为叶蛇纹石，且含有少量方解石、白云石等，与辽宁岫岩玉相似，显示叶蛇纹石的特征图谱。

蓝田玉茶盘

红外吸收光谱显示

陕西蓝田玉中透明的黄色、绿色部分的主要矿物成分除叶蛇纹石之外，还有少量的透辉。

玉器文化

清代的玉器

乾隆、嘉庆年间为清代玉器的昌盛期。这时，宫廷玉器充斥各个殿堂，各大城市玉肆十分兴旺。民间爱玉之风兴盛，玉器的用途更加广泛，陈设玉器、生活玉器、玉佩饰、祭祀用玉器、玉偶像、玉文玩、玉用具、镶嵌玉等品类齐全。

清代宫廷玉器做工严谨，一丝不苟。有的碾琢细致，如雕如画；有的在抛光上不惜工本，展示出玉器的温润晶莹之美。

乾隆时期的玉器是清代玉器的代表，有仿古玉和时作玉两大主流，此外还有仿痕都斯坦玉。

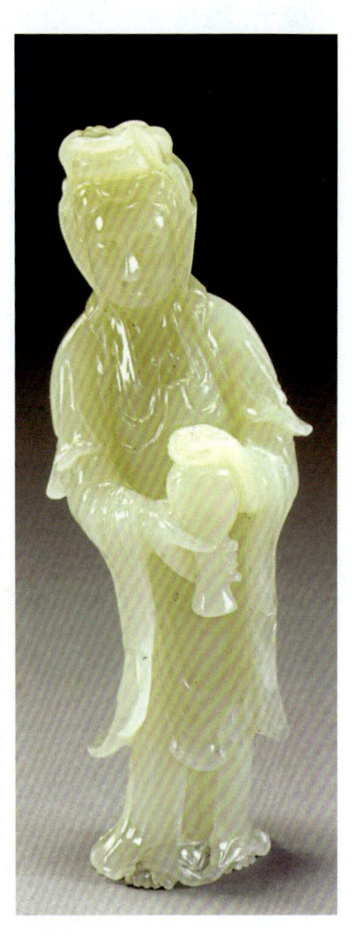
清乾隆时期的青白玉观音

清早期的青白玉香炉

仿古玉，一种是仿古彝，即仿商、周青铜器的造型和花纹；另一种是仿汉玉。如南京博物馆收藏的乾隆年间的仿古龙纹玉璧。清代是我国封建社会最后一个王朝，对多民族统一国家的形成与巩固作出了巨大贡献。在这一历史背景下，玉器得到了空前的发展，形成了我国古代玉器史上的最高峰，其玉质之美、器形之多、产量之大、使用之广都是历史上任何一个朝代所不能相比的。

清代嘉庆年间的青白玉酒壶

清代玉器以摆件和佩饰最多，也最精美。摆件有仿青铜器的仿古器皿和具有各种吉祥寓意的动物造型。新增的品种有山水、花鸟、玉山子、浮雕图画式的玉屏风等等。玉佩饰的种类更是丰富多彩。此外还有各种玉质的实用器皿，如文房用具。

清乾隆时期的龙牌

清代玉器善于借鉴绘画、雕刻、工艺美术的成就，集阴线、阳线、镂空、俏色等多种传统工艺及历代的风格之大成，有着鲜明的时代特点和极高的艺术造诣，为我国古代玉器的发展作出了不可磨灭的贡献。

“蓝田玉”之名

蓝田玉古往今来素有盛名。据考古秦始皇初定天下命丞相李斯采蓝田玉制玉玺，上曰：受命于天，既寿永昌。今人赞曰：观之其味无穷，藏之价值连城。本产品选料精良，做工精细，造型优美，实为收藏之佳品。

“蓝田玉”之名也正是因其产于西安北部的蓝田山而得名。但后来大概由于矿点被采空，后世人找寻不着，对“蓝田产美玉”之说产生疑问，推测蓝田只是个玉石的集散地，而不是产玉之地。1978年，地质工作者在陕西蓝田县发现了蛇纹石化大理岩玉石，与汉代等出土文物相比照，认为其极为可能就是古代记载的蓝田玉。尽管对古代蓝田玉是否就是现今的“蓝田玉”还有争议，但大部分学者均认为现今发现的“蓝田玉”是《汉书》等古籍中记述的蓝田玉。

也就是说，中国古代著名的蓝田玉，就产于蓝田，其玉质为蛇纹石化大理岩。其主要矿物成分为方解石，次为叶蛇纹石等。颜色以白色为主，也有黄色、米

蓝田玉摆件

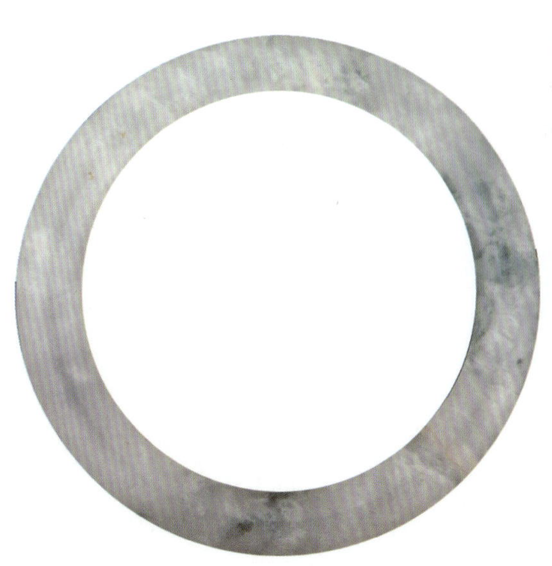
蓝田玉手镯

黄色、浅绿至绿色等。质地细腻、洁净，加工性能良好。现今蓝田县开采的蓝田玉，被雕琢成各种工艺品，如茶具、酒具以及玉枕、玉镯、健身球等，销往全国各地。

李商隐的“沧海月明珠有泪，蓝田日暖玉生烟”成就了陕西的蓝田玉。“玉暖蓝田”这个蓝田玉品牌即来源此句名诗。

蓝田玉壶

明清时期的蓝田玉枕

长 28.7 厘米，宽 9 厘米，高 8 厘米。

第六章 玉中佳品—— 酒泉玉

酒泉玉产于甘肃酒泉附近山中，因山称祁连山，也称祁连玉。多呈各种绿色，有浅绿、翠绿、墨绿、白色及过滤色，结构致密、细微、色泽鲜丽、柔和，硬度4-7度，有较高的工艺欣赏和经济价值。其雕制品细腻、滋润，具半透明感。产地分布广泛，成矿地质条件优越，很有开发利用前景。酒泉玉的开采史可上溯到新石器时代，武威娘娘台遗址出土的齐家文化的精美玉璧，即以酒泉玉制成。在商代，酒泉玉被做成玉斧、玉刀等。到西周时期，酒泉玉器已声名远扬。据文献记载，

酒泉玉镯

周穆王应西王母之邀，赴瑶池盛会（酒泉一带），西王母送给周穆王一只精巧的玉制酒杯，名曰“夜光常满杯”。此杯“光明夜照，乃白玉之精，斯灵人之器”。周穆王爱不释手，视若珍宝。

当时夜光杯由和田玉制成，直接运往长安、洛阳等地。后来由于玉杯在运输途中经常出现损坏，所以就改为把和田玉运到酒泉，在那里再加工成夜光杯，然后再运至长安、洛阳等地。后来因种种原因，和田玉不能及时供应，于是就改用酒泉玉来制作夜光杯。

酒泉玉杯

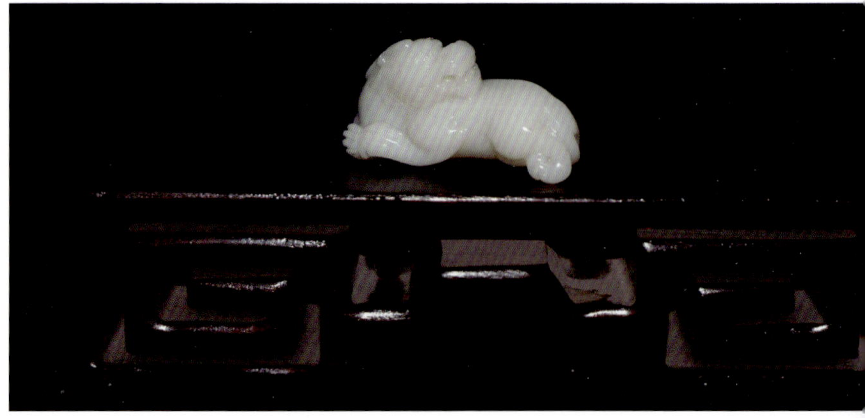

酒泉玉摆件

酒泉玉的种类

按产地分类

按产地讲，酒泉玉有丹麻玉（湟中）、中坝玉（乐都）、柴达木玉（海西）等。

按矿物成分分类

酒泉玉按矿物成分，可分为蛇纹玉、软玉、密玉、翠玉、白玉等。其中以蛇纹石为主的称为蛇纹玉，多呈暗绿、墨绿色，质地细腻，硬度较小；以闪透石、淡斜绿泥石为主组成的为软玉；以钙铝榴石、透辉石、斜长石等为主组成的有密玉、翠玉、白玉等。

酒泉玉原石

按颜色分类

按酒泉玉的颜色可分为白色、绿色、黄色、蓝色、杂色等五个品种，随蛇纹石化作用强弱不同，颜色有深浅变化。

酒泉玉镯

白色酒泉玉

白色酒泉玉是一种含透闪石蛇纹岩，产于蛇纹石化大理岩中，呈白色或微带淡绿色、淡黄色、淡蓝色调，质地细腻，透明度好，摩氏硬度5-6，为酒泉玉中最好的品种，古称“白玉之精”，但产量少。

酒泉玉原石

这里需要指出的是，“白玉之精”究竟指何种玉石，尚存在争议。有人认为白玉之精指的是软玉中的羊脂白玉，从而认为夜光杯是用羊脂白玉制成的，这个问题有待进一步探讨。

黑绿—黄绿色酒泉玉

黑绿—黄绿色酒泉玉是一种产于蛇纹石化超基性岩中的蛇纹岩，质地细腻，摩氏硬度 5 左右，人称“赛乌漆”，适于制作仿古齐口平底杯、爵杯、西洋式大小高脚杯，产品最为畅销。浅黄—深黄色酒泉玉：是一种产于蛇纹石化大理岩中的蛇纹岩，颜色均匀，质地较细腻，摩氏硬度 4–5，其制品清新淡雅，如鹅黄羽绒。

蓝—蓝绿色酒泉玉

蓝—蓝绿色酒泉玉是一种蛇纹石化大理岩，摩氏硬度 4 左右，其制品以粗犷的天蓝色或海蓝色深得人们喜爱。杂色酒泉玉是一种蛇纹石化大理岩，摩氏硬度 3–4。在白色大理岩中分布有蓝、绿、黄、紫红等颜色的蛇纹石条带、条纹和团块，形成美丽的花纹。

酒泉玉的质地细腻颜色淡雅，制成的夜光杯具有耐高温、抗低温的优点。

酒泉玉茶叶罐

酒泉玉的功效

酒泉玉又称墨绿玉，又称药王石，是一种功能玉，原生色只有白和绿，洁白程度可与羊脂玉相媲美；晶莹翠绿，敢与翡翠争雄。后因地壳变迁，受到周围矿物质的干扰、侵蚀，这些矿物质的金属离子和色素离子沿着玉的解理缝隙渗透迁移。天长地久，金属元素经氧化和水解作用，使它们在玉中沉淀了下来，以分散状氧化物形式存在，同玉的成分融为一体，使原玉“抹了黑”。由于磁铁、石墨、黑云母比重较大，加之金属离子活跃，因此使玉以黑绿色为主要色，黑绿玉在原色基础上虽然受到了其他干预，使之面目全非，但也因此给它带来的特殊功效而声名大振。不过一旦伪装被剥去，所有使用过的黑绿玉会逐渐还原为白绿，一只玉杯经长期使用，黑色不复存在。还原后的黑绿玉会有更大的观赏价值和收藏价值。这就是“人与玉配，玉才无价”的道理。

酒泉玉镯

酒泉玉的收藏

酒泉玉古色古香，璞玉浑金，美不胜收，是玉中佳品，得到了众多爱玉者的钟爱。酒泉玉有“四美 ”：

“色美”

酒泉玉的色彩以绿为主，典雅古朴、大方自然。有浅绿、翠绿、墨绿，白色为过渡色，另有少量黄色、红色玉石，半透明带有均匀的黑色斑点，层次分明、不事雕琢、多姿多彩。

酒泉玉观赏石礼佛图

“形美”

造型独特，形态万千，体量从几十克到几吨乃至数百吨重，更多为籽料和山水料，有的小巧玲珑，晶莹剔透，有的浑厚大气，敦实稳重。

“质美”

结构致密、质地细腻。硬度一般为 4-7 度，其雕制品细腻、滋润光泽度好，遇水则神韵更佳，有较高的工艺欣赏价值和经济价值。

“纹美”

祁连彩玉纹理变幻无穷，色彩相互交融，构成静美绝伦的图案意境，再现世间万物之神奇，纷呈大千世界之灵韵。或酷似人物肖像，或构建自然风光，或再现山水花鸟，或表现生灵百态，意境万千，栩栩如生，耐人回味的天然艺术之美，天地之造化、自然之神奇、令人叹为观止。

玉器文化

民国时期的玉器

清晚期到民国是民间制玉业发展迅速的一个时期，很多古玩行伪造古代玉器。但由于时代的限制，当时的考古发掘材料有限，制造伪玉器者对古玉的理解并不深刻，作品往往功力不足。在民国时还出现了一批较高水平的仿古玉，其中有些作品至今仍被当作古玉收藏。这类玉器的仿古者在仿制玉器时下了很大的功夫，其主要特点是慢功所为，用相当长的时间进行做旧和盘磨，色泽深、老，不像现在的一些作品那样生、冷，民国时期一些水平较高的仿古玉作品甚至被视为玉器精品。

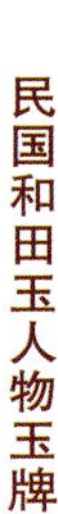
民国和田玉人物玉牌

第七章

玉中瑰宝——青海玉

老青海玉贵妃牌子

老青海玉摆件

青海玉是大家较为熟悉的玉种，因其产于青海，故名青海玉。青海玉的产地属昆仑山脉东缘入青海省部分，西距新疆若羌境约300余千米，与且末、若羌等地产出的和田玉在地质构造背景上有着密切的联系。青海软玉和和田玉在物质组合、产状、结构构造特征上基本相同。只是在产出特征、结构、物性的某些方面与和田产软玉略有区别。青海玉外表美观，颜色为白底或浅灰底加绿色斑纹，玉质较细腻，呈半透明状。青海玉也属软玉，其市场价格较低，常常被冒充是新疆和田玉，其外观又近似翡翠，因此也有不法商人用其冒充翡翠玉件。

青海玉跟和田玉还是有一些区别的：青海玉呈半透明状，比和田玉透明度要好，质地也比和田玉稍粗，比重跟和田玉相比略低，质感没有和田玉细腻，缺乏羊脂玉般凝重的感觉，经常可见有透明水线。青海玉料颜色也稍显不正，常有偏灰偏绿偏黄色，也多有黑白、黑黄、绿白、绿黄相杂的玉料而被用做巧色。另外，青海玉基本都是山料。

青海软玉和其他产地的软玉一样，主要矿物成分为透闪石。但其透闪石的质量分数变化较大，总体上低于新疆和田玉，新疆软玉中透闪石的质量分数一般在95%以上；除此之外，青海软玉普遍含硅灰石。硅灰石在偏光显微镜下显示一级橙黄干涉色，远低于透闪石的干涉色级别。硅灰石与透闪石共同组成微晶交织结构，局部可完全由硅灰石微晶组成。

根据X射线粉晶衍射分析结果表明，青海软玉的主要矿物成分是透闪石，并普遍含透辉石、方解石、白云石、硅灰石等。迄今为止，开发利用的青海软玉主要还是山料。与新疆软玉的山料相比，青海软玉的质量要稍微差些。青海软玉更透明，但“油润度”稍差，使其凝重感不足。通过研究，我们认为，青海软玉中的硅灰石是造成这种结果的主要原因之一。

老青海玉硬料花瓶

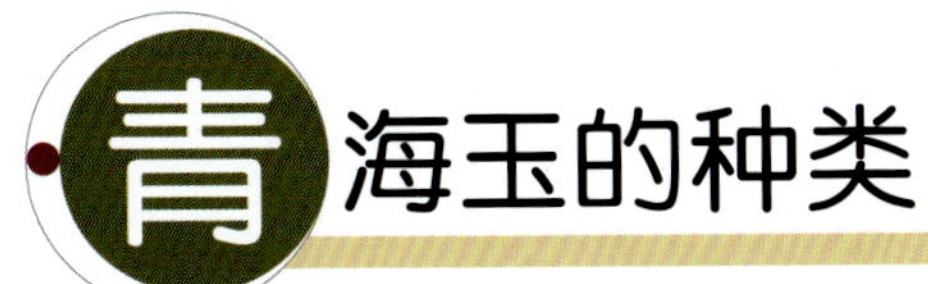

青海玉的种类

青海玉按颜色可以分为白玉、青白玉、青玉、碧玉、黄玉、墨玉、糖玉等几类。

白玉

白玉是青海玉的主流品种，也是青海玉中产量最大的品种，颜色比较丰富，有灰白、青白、蜡白色，半透明，由于结构稳定细腻，透明度明显好于和田白玉，质地细润，产出块度较大。青海白玉质地细润均匀，块度大，属上等好料，但其透明度偏高，凝重质感不足，做薄后尤为轻飘。当然也不乏油润度较好的青海白玉。白玉中还有一种带浅翠色的玉种，其绿色特征似嫩绿色的翡翠，与青玉、碧玉的绿色有明显不同，这部分绿色软玉很少单独产出，而是附于白玉、青白玉原料的一侧或形成夹层、团块分布。其制成品大多在白玉、青白玉雕件上形成俏色，青海带翠玉以其稀少的数量和独特的创意空间，将成为玉器收藏的热点。

青海白玉手把件

青海白玉把件年年有鱼

青海青玉

青白玉

颜色呈浅灰绿、青灰色、浅黄灰色等，颜色淡雅清爽，半透明，质地细腻均匀。透明度明显大于和田青白玉，水头足，均匀性好，颇受业内人士的青睐。

青玉

与和田青玉颜色基本相同，绿中带灰黑色，色调较闷暗，半透明，质地细腻，常优于和田青玉，水头足，油性好。适宜制作大中型摆件、器皿。做薄后色调转阳，庄重典雅，声韵铿锵，为质量上乘的青玉。

青海碧玉

碧玉

青海碧玉与其他新疆碧玉、俄罗斯碧玉相比，在颜色上还是有一定的区别的，它的颜色显得不那么鲜明，有点发闷的感觉。

黄玉

青海玉中的黄色玉多为山料，透明度较好，但产量不多。

墨玉

与和田玉一样，青海玉中也有墨玉。因为玉中墨色含量多少的不同，墨玉的颜色也有深浅。青海墨玉中有一种灰紫色的玉，半透明，质地细腻滋润，成色好的呈紫罗兰色，也是相当漂亮的，还有一种青灰色玉，有人称之为“烟灰料”，这两种玉色可归到墨玉的范畴，只是含墨量多少的问题。

糖玉

青海玉中也有糖色玉品种，主要为浅黄褐色比较均匀的糖色浸染和斑点状的黑褐色糖。其糖色要么集中形成黑褐色斑点，要么色太浅，对俏色贡献不大，对玉质破坏不少，可利用价值较低。

青海玉三羊开泰
高 4.5 厘米，宽 5 厘米，高 6 厘米。

青海玉老鼠
高 4.5 厘米，宽 9 厘米，高 3 厘米。

青海玉的特点

透明度

多数青海软玉透明度较好，尤其是白玉，透明度明显高于传统和田玉，呈半透明，通透而有灵气。另外由于经常有“水线”“水露”纹的出现，局部透明度不均匀。“水线”内透闪石呈长纤维状平行排列，可有针状、粒状透闪石颗粒穿插其间，总体定向性优于主体矿物，导致其对入射光的散射及漫反射减弱，相对透过的光线比较多，因此“水线”部分的透明度比软玉主体要高一些，但油脂性不强。“水线”的形成与成矿流体多次活动有关，产生微裂隙后充填其中，最后受应力的过程。

颜色

青海软玉与和田玉稍有不同。多数白玉呈灰白——蜡白色，少量黄灰色，称为“米汤色”，有灰暗不正的感觉。其青玉灰绿色调“闷暗”不明快。另外翠绿色、烟灰——烟紫色玉料常与白玉共生一体也是一个典型的颜色特征。

青海玉大把件

质地

软玉玉质要求细腻均匀，质纯而无杂，“精光内蕴、厚重不迁”。青海软玉结构、粒度均匀但稍粗，质感不够细腻而略显“嫩”，常见“糖晶”“冰晶”结构。呈腊状光泽，缺乏“凝脂”般的温润光泽。因此其白玉产量虽大，其中达到“羊脂白玉”品级的却比较少。

青海玉摆件

玉性

青海软玉中质地不纯者，往往含有白色“脑花”状石花，絮状棉绺，半透明的“水线”“水露”，以及黑褐色翳状斑点。在透明度较好的

青海玉手链

精美玉碗

青海玉山水玉雕

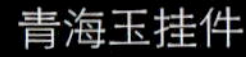

青海玉挂件

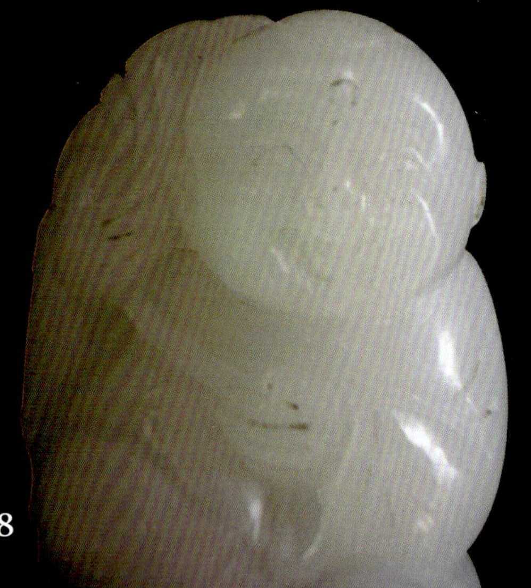

精美玉器

玉质中分布白色团块状“脑花”“絮状棉绺”是其常见的玉性特征。另外，由于透闪石矿物定向排列、透明度较好而形成的猫眼状闪光带也是一种常见特征。

硬度

青海软玉是白玉硬度偏低约 0.5 个摩氏硬度级。在实际中用单面刀片的折断角刻划青海软玉较光滑的表面，可见轻微的划伤痕。通过经验积累，熟练的鉴定、贸易人员可以很快掌握这一点。另外，由于青海软玉多属显微叶片状变晶结构，结晶粒度稍粗，矿物晶体之间抱和不够紧密，因此玉石的韧性也略低。

八宝熏炉

白玉老翁拂琴

青海玉的收藏

青海玉跟产量越来越少的和田玉相比要多很多，据估算目前青海玉料的年产量是新疆玉料的 2 倍左右。青海玉的名气远远不如国石和田玉那样响亮，因此市场上青海玉的价格要比和田玉便宜很多。对于青海玉的前景，玉石专家认为青海玉被奥运奖牌采用，其知名度将会大大提升，可能会激起国内收藏者对其追捧，也可能引起过度的炒作，因此投资者对此还是要谨慎。因为玉石的升值都是和其单品的品质，以及出产量有关，像翡翠、和田玉就是因为开采量越来越少，一些高品质的玉器价格才越来越高。

最初一些商家对经营青海软玉有不少顾虑，有不少信誉好的珠宝商行将青

青海玉摆件

青海玉转轮

海白玉制品送到宝玉石检测中心做鉴定。据说有些商家在上个世纪 90 年代中期对外宣称不经销青海玉，以向消费者表明其经销的和田玉品质纯正。也有行业内人士担心青海白玉会毁了和田玉市场；玉石收藏者和消费者也对青海软玉产品心存疑虑。在近年的珠宝市场上，一些青海白玉制作的精美工艺品常因为担心市场接受程度而不愿言明原料产地，但在这些雕件上看到的“烟灰色的云雾”（烟青玉）和“翠绿色点缀”（翠青玉），这些都是青海玉无法掩饰又不忍丢弃的“胎痣”。

青海玉仿古熏香炉

据分析，造成青海软玉在市场上不易被接受的原因有几个方面：一是产出地带行政区划属青海省，在新疆销售是冠以“和田玉”名似乎名不正，称“青海玉”消费者又难以接受。因为名称问题产生过许多争论，鉴定机构为此也颇费心思；二是产量大，1994-1995 年以及 2003 年以来是青海软玉生产的高峰

青海玉白玉嘞子

青海玉山子摆件

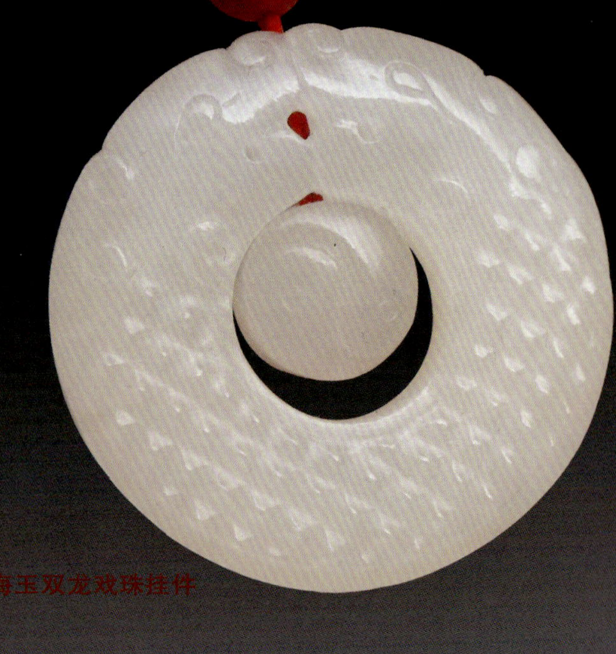

青海玉双龙戏珠挂件

青海玉雕件

期，其中又以白玉为主，产量达到每年数百吨，近年上千吨；三是品质不佳，多数青海白玉颜色呈灰白－腊白色，质嫩色新，被称为新坑料，不太符合和田玉评价的传统眼光，一时难以被同行接受；四是矿山开采成本低，管理无序。青海软玉产出地属于高原丘陵地区，相对高差小，又靠近青藏铁路，交通较为便利，因此开采成本大大低于和田玉；五是对青海玉科学研究不足，缺乏正确的宣传，没有进行及时的研究和推广。

但是由于和田玉石的价格成倍疯涨，多数玉器厂家纷纷采用青海白玉来代替和田玉，青海玉已成为和田玉石的首选替代品，与此同时，也带动了青海白玉的价格普涨。

据商家反映，近年来情况发生了较大的变化，青海白玉填补了目前市场上中档白玉的空缺，因其销售价格与目前玉石消费者的消费水平相适宜而且受众广泛，青海玉的身价也在不断看涨，尤其是白玉价格近两年在全国珠宝市场中一路上扬，每年增值幅度在 30％以上。因此说收藏青海玉，其前景还是较为乐观的。

第八章

冰川下的瑰宝——东陵玉

东陵玉是一种石英质矿石，化学成分为氧化矽，无固定形状，通常有绿、红、蓝等颜色，绿色最为常见，碧绿——翠绿色者为上品，是翡翠的姐妹石。石英矿原为无色及纯白色，在漫长的形成过程中，包容了其他的物质和微量元素，呈现出一系列诱人的颜色和特殊的光学现象，而成为人们喜爱的东陵玉。

东陵玉项链

引用亚洲宝石协会（GIG）研究报告：东陵玉（Aventurine）的化学成分是氧化矽化学式（SiO_2），学名是砂金石，亦称海洋石或东陵石，最早产于印度，故又名“印度玉”，亦是水晶家族的成员。其内含物通常会有微晶粒、黄铁矿等。东陵石目前有绿色及红色的两种，大多不透明，偶尔有部分半透明和微透明，硬度与水晶差不多。绿色的东陵石曾被称为印度翡翠，化学成分也主要是二氧化硅，属石英岩。绿色东陵石底色油绿不正，上面有光亮的小点，密度低于翡翠，其价格也远逊于优质翡翠。

东陵玉原石

含铬云母者呈现绿色，称为绿色东陵石；含蓝线石者呈蓝色，称为蓝色东陵石；含锂云母者呈紫色，称为紫色东陵石。我国新疆产的绿色东陵石内含绿色纤维状阳起石。总体来看，东陵石的石英颗粒比较粗，其内所含的片状矿物相对较大，在阳光下片状矿物可呈现一种闪闪发光的砂金效应。

国内市场上最常见的是印度产的绿色东陵石，放大镜下可以明显看到粗大的铬云母片，大致定向排列，滤色镜下略呈褐红色。标准的东陵石化学成分主要是 SiO_2；矿物成分主要为石英，含铬云母约 10%-18%，另含有微量的蓝线石、矽线石、金红石、赤铁矿、锆石等。磨光之后，在油绿的底色上闪耀着光芒四射的小点（金红石、赤铁矿、铬云母等），显得异常美丽。

东陵玉发钗飞凤来仪

东陵玉的种类

按颜色分类

东陵玉按颜色可分为四种，即绿色东陵玉、蓝色东陵玉、红色东陵玉和紫色东陵玉。这是由于含有不同成分的杂质而呈现的不同颜色。

东陵玉手链

绿色东陵玉

绿色东陵玉为翠绿色或暗绿色，呈丝点状分布于石中，绿色产生原因与含铬云母有关。

蓝色东陵玉

蓝色东陵玉为深蓝色或暗蓝色，呈绦状分布于石中，蓝色产生原因与含有蓝线石有关。

红色东陵玉：棕红色、铁红色或橙红色，呈丝点状分布于石中，红色产生原因与含有赤铁矿有关。

各种颜色的东陵玉

紫色东陵玉

紫色东陵玉为紫色或淡紫色，呈丝点状分布于石中，紫色产生原因与含有锂云母有关。

按质量分类

东陵玉手链

东陵玉按质量分为三个等级：

一级绿东陵石

鲜绿或浓绿色，油脂光泽强，半透明。质地致密、细腻、坚韧、光洁。无杂质、裂纹及其他任何缺陷。块重 6 千克以上。

二级绿东陵石

鲜绿色，油脂光泽强，微透明。质地致密、细腻、坚韧。有微量杂质或小杂斑，但无裂纹及其他缺陷，块重 6 千克以上。

三级绿东陵石

绿色，油脂光泽较强，微透明。质地致密、坚韧。有少量杂质、裂纹等缺陷。块重 2 千克以上。

东陵石（Aventurine）又称“冬陵石”，还称“印度玉”，为含铬云母的油绿石英岩，其色很美。但现今人们则推而广泛，把地壳里一切色泽艳丽、质地致密坚韧的石英岩或次生石英统称为“东陵石”。

东陵玉的特点

第八章

东陵玉，在地质学上称含铬云母石
东陵玉的石英晶粒较粗大，粒径在
2mm，呈粒状结构，在粒与粒之间有铬云
夕线石、金红石、蓝线石、赤铁矿等。
玉具有强烈的油脂光泽和玻璃光泽，半
至微透明，折射率 1.544-1.560，硬度 7
度 2.65-2.8 克 / 立方厘米，断口参差状
较脆。东陵玉质地致密、细腻、坚韧、
晶粒结合紧密，外观看不到间隙，因此
均匀。微小的片状云母细晶，使得东陵
金星闪耀的感觉。

东陵玉平安扣吊坠

东陵玉简约吊坠

东陵玉的功效

天然东陵玉麒麟吊牌

绿色东陵石在心理治疗上运用得很成功，对心肺的问题有疗效，并能增加肌肉的灵活度，最常被用来治疗心脏，舒缓压力，以及眼部疾病。绿色东陵石据说可减轻焦虑与安抚情绪，用于融化心结效果最好。这也是健康、快乐，让人保持心情愉悦的宝石。翠绿色本来就是春天的颜色，是一种欣欣向荣、生意盎然、丰盛、富足、美好的能量，亦是代表了一种广义的财富，可以吸引好朋友、贵人相助、好运气、好机会、

东陵玉吊坠

东陵玉手链

天然东陵玉文昌塔摆件

东陵玉复古项链

好的物质能量来接近，也就是财富。东陵玉也是公历五月份的生辰幸运石。东陵玉对胸腺、结缔体素和神经系统有利，能够降低胆固醇，防止动脉硬化和心脏病，稳定血压，加强新陈代谢。它能够有效地消除炎症，缓解皮疹与过敏，消除偏头痛，缓解眼睛的疲劳。它对肾上腺、肺、生殖器、心脏、肌肉与泌尿生殖系统很有好处。将它制成宝石酊使用，能够缓解皮肤病。

通常是配戴在左手，据说可使东菱石手珠依循宇宙循环的方向，将能量输入人体，并且将不良能量阻挡在外，以达到保护及增强的效果。

东陵玉的鉴定

东陵玉跟翡翠的区别：

（1）用透视光，可见东陵玉内有平行排列的绿色铬云母片。侧视之，常形成一条“绿线”。在查尔斯滤色镜下观察，绿色铬云母呈现红色。

（2）东陵玉的比重为2.65，比翡翠的比重小得多，用手便可掂量出来。

（3）东陵玉的平均折射率为1.55，比翡翠的折射率低。

天然东陵玉吊坠纳福观音

东陵玉的保养

避免与硬物碰撞

东陵玉石的硬度虽高，但是受碰撞后很容易裂，有时虽然用肉眼看不出裂纹，其实东陵玉表层内的分子结构已受破坏，有暗裂纹，这就大大损害其完美度和经济价值了。

尽可能避免灰尘

日常东陵玉若有灰尘的话，宜用软毛刷清洁；若有污垢或油渍等附于东陵玉面，应以温淡的肥皂水刷洗，再用清水冲净。切忌使用化学除油污剂液。

佩挂件不用时要放妥

最好是放进首饰袋或首饰盒内，以免擦花或碰损。如是高档的翠玉首饰，更勿放置在柜面上，免积尘垢，影响透亮度。

东陵玉手链

尽量避免与香水等化学剂液接触

尽量避免与香水、化学剂液、肥皂和人体汗液接触，众所周知，汗液带有盐分、挥发性脂肪酸及尿素等，东陵玉接触太多的汗液，佩戴后又不即刻抹拭干净，即会受到侵蚀，使外层受损，影响本有的鲜艳度。

东陵玉貔貅手链

避免阳光长期直射

东陵玉要避免阳光的曝晒，因为东陵玉遇热膨胀，分子体积增大，会影响东陵玉质。尤其是芙蓉玉、水晶、玛瑙等受到高热会发生爆裂，因此更忌接近热源。

注意保持清洁

佩挂件要用清洁、柔软的白布抹拭，不宜使用染色布、纤维质硬的布料。镶有钻石、红蓝宝、祖母绿等宝石的东陵玉首饰，也只宜用干净的白布揩擦，将油脂、尘埃、杂质、湿气或汗液抹掉，这样有助保养和维持原质。

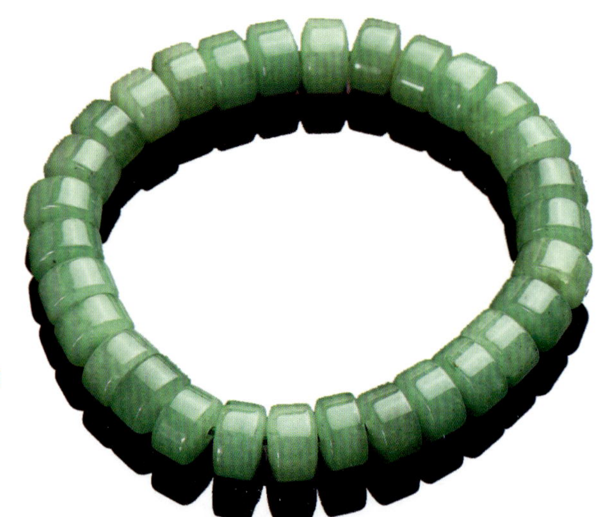
东陵玉手链

精美玉器

印章盒

东陵玉要保持适宜的湿度

东陵玉质要靠一定的湿度来维持，尤其是水胆玛瑙、水晶类的玉。水胆玛瑙在形成时期，里面就存有天然水，若周围环境不保持一定的湿度，很干燥的话，里面的天然水就容易蒸发，从而失去其收藏的艺术和经济价值。

玉器收藏须知

收藏投资玉器的人，必须具备多种玉器知识，具体而言，投资古玉要具备如下基本知识：

1．必须清晰地了解中国玉器的发展历史，摸清各时代的发展脉络，包括时代风格、特征，以及流行的器型、质地、纹饰等，从而准确地把握各个时代的差别。

白玉雕饕餮纹龙钮盖方鼎

2．要了解时代背景，即了解当时的政治、经济情况，社会风俗习惯，当时的民众心理等，这对于鉴别真伪十分重要。

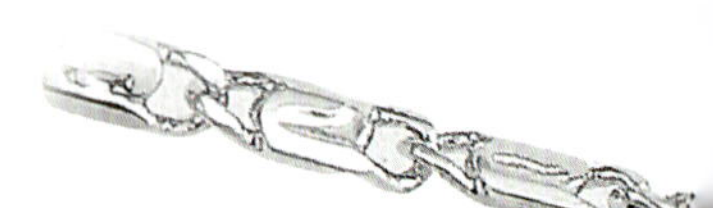

一般来说，经济发达时期的玉器制作得就较精细，质量也高；政治比较开放的朝代、清明时期，玉器的风格就有可能受外来文化的影响而有所不同。

3.要分清玉器的各种名称、品种、形制、产地和工艺等，以辨真伪。

4．要掌握各个时代玉器的基本制造方法。

5．还必须了解金银器的知识，在首饰类中，翡翠是与它们配合而存在的。还有有关民族、民俗等方面的知识也要掌握。

6．要多看实物，多向专家请教。

7．要加强自身修养，努力提高美学水平。

第九章

千年之冰——水晶

水晶是一种历史悠久的宝石，因其坚硬、纯净、透明的品质，而受到各国人民的喜爱，被视为纯洁善良、冰清玉洁、坚强不屈的象征。传说古罗马人在阿尔卑斯山最早得到水晶的时候，非常惊奇，认为它是由冰变来。中国古人也认为水晶是“千年老冰”，因此把水晶叫作“水精”“水玉”“玉晶”“菩萨石”“千年冰”等。水晶是天然宝石，水晶的矿物成分是石英，化学成分是二氧化硅，摩氏硬度为7，密度为2.66克/立方厘米，具有特殊的压电性和光学性。它是石英族矿物里面透明的结晶体，如果是结晶但不透明的只能称为石英晶体。水晶晶面有玻璃光泽，贝壳状断口面显示油脂光泽。

一夜成名紫水晶吊坠

三叶情水晶吊坠

水晶的种类

水晶有着一个庞大的家族，其中品种众多，按照不同的特征进行区分，可以分出不同的种类。例如我们可以按照按颜色分，按照光学效应分，按照包裹体分，按照工业用途分等。下面为朋友们介绍下按颜色分类的水晶。

按颜色分类

天然水晶根据不同的颜色可分为：无色水晶、烟晶、紫晶、黄水晶、双色水晶、绿水晶、芙蓉石等。

无色水晶

无色水晶为纯净的二氧化硅晶体，也有些略带浅灰或浅褐色调。无色水晶一般呈单个柱状晶体或晶簇产出，晶柱可从几厘米到几米不等。几千克到十多千克的晶体较多，几百千克以上的非常少见。晶体内部含有丰富的包裹体，比

水晶鞋

较常见的有负晶、气液包裹体、固体包裹体，也常有发育裂隙。透明无瑕、无裂隙的特大晶体是难得一见的。负晶在形状上和无色水晶的晶体是相同的，当其内部未填充液体时，是一空穴，和水晶界限分明；当被气液填充时，就形成了气液包裹体。

紫晶

紫色的水晶叫紫晶，是水晶家族里面最高贵典雅的成员。紫色原本就是一种高贵雅致的颜色，加之水晶本身的美丽，更加显现出惊人之彩。紫晶的颜色从浅紫色到红紫色，有时候带有一定程度的褐色、红色和蓝色调，晶体的最尖端的颜色最深。

大多紫晶的颜色分布不均匀，多见色带，即颜色的深浅造成的条带。色带一般平行分布，有时候在一定的角度相交。也有的会有色块，多是不规则的几何形状，少数是不规则的团块状和絮状，越靠近边缘，颜色越浅。这是因为紫晶中含有二价和三价的铁元素，这就造成了它拥有鲜艳的紫色，经过加热或是

紫水晶蝴蝶结

紫水晶钻戒

黄水晶耳坠

阳光暴晒会褪色。产自巴西的高质量紫晶大多呈较深的紫色，非洲等地产的紫水晶带有浓重的蓝色色调，中国各地所出产的紫水晶颜色较浅，与巴西所出产的浅紫色水晶相同，为浅紫色带有微弱的褐色色调，透明度高。

紫晶通常被制作成戒面和雕件。把优质的紫晶加工成刻面，镶嵌首饰或者收藏，紫晶首饰高贵典雅，紫晶雕件庄重大方。稍次一点的紫晶磨成素面或者打磨成珠，镶嵌或者打孔制成项链等串珠。

深紫色到红紫色的紫晶价值最高，因为大多人认为深紫色华丽而高贵，因此市场上较深颜色的紫晶价位非常高。有些紫晶形成后，因为地热的关系变成了黄水晶。而一些浅紫色的水晶也被加工成黄水晶。在人类文化中，紫水晶代表着华丽、幽静、高尚、高贵、典雅、庄重和权势。

黄晶

黄颜色的水晶叫黄晶，黄晶的颜色有黄色、金黄色、浅黄色、褐黄色、橙黄色，因晶体中含有铁所致，黄晶的颜色很像宝石黄玉（托帕石）。黄玉的摩氏硬度在

7.5-8 之间，硬度很高，密度高，比黄晶更加名贵。市场上有很多商人以黄晶代替黄玉，常常可以以假乱真。黄晶在水晶品种中也是比较贵重的，产自巴西的黄晶最为著名，颜色深的可以与黄玉宝石相媲美。多色性可有浅黄—黄、黄—橙黄、黄—褐黄多种。一般黄晶的透明度很高，内部特征与紫晶相同。自然界中产出的黄水晶很少，常同紫晶及水晶晶簇伴生，在市场上所流行的黄晶多数是紫晶经过加热处理而成的。经过加热处理的黄晶属于优化，仍然属于天然水晶。天然的黄晶稀少，价格昂贵，以橘黄色的为极品，俗称财富之石。

烟晶笑佛吊坠

烟晶

在水晶家族中最有吸引力的要数烟水晶了，烟晶是水晶家族中很特别的成员之一。这种水晶品种是制作眼镜的理想材料，因水晶晶体具有清凉的作用，能够使眼睛避免阳光的刺激。烟晶的颜色有烟黄色、褐色和黑色。在中国人们常常将烟黄色、褐色的水晶称之为茶晶。黑色水晶则称为墨晶。烟晶

烟晶手链

以色均、无棉、明净者为佳品。烟晶的多色性有浅褐色—烟褐色，褐色—棕色。

烟晶的颜色成因是源于其成分中含有微量的铝，铝代替二氧化硅中的硅，使水晶产生颜色。茶晶、墨晶遇到高热，颜色会减退，再次加热后可变成无色水晶。实验中，无色水晶通过放射性照射，可以变成烟晶。市场上的茶色眼镜及饰品很多是辐射变色的制品。烟晶常常有丰富的气液包裹体和金红石包裹体。

苏格兰是烟晶的发源地，这里的人们广泛用它来装饰民族服饰，成为事实上的“国石”。其实其他国家的烟晶并不比苏格兰少，有些地区比苏格兰还要多。烟晶的产地有美国、西班牙、瑞士、斯里兰卡、中国。中国山东的崂山是茶晶、墨晶的著名产地，有“南白北墨”之说，但产量并不大。烟晶大多用来做雕件、眼镜片、章料和串珠状饰品。

绿水晶

绿水晶极其稀少，因内含镁铁化合物而呈现绿色。在珠宝市场上绿水晶是非常少见的，绿水晶的颜色有绿—黄绿，其颜色是因为含有微量元素铁（Fe）造成的。直到现在，人们都没有发现天然产出的绿水晶，市场上所出现的绿水晶通常是在紫水晶加热成黄水晶过程中的一种中间产物。市场上所出现的绿色水晶晶簇大多是合成绿水晶。还有一种被称为绿水晶的，如绿幽灵，这种水晶其实是无色水晶内包含有的绿色包裹体所造成，不属于绿水晶的范围。

清代绿水晶饕餮纹双耳盖瓶

水晶鹅

双色水晶

如果在同一块水晶中既有紫色也有黄色，这种水晶就是双色水晶，被称为紫黄晶。紫色、黄色分别占据晶体的一部分，这两种颜色之间有着明显的界限，这是因为水晶的双晶或者是紫水晶经过天然高温（如地热，温泉或者火山爆发）加热后形成的黄色色带。紫黄晶是水晶家族的宠儿，因为它既有紫晶的典雅，又有黄晶的迷人。

天然水晶粉晶球

水晶的特性

水晶观赏石是天然水晶中最具代表性的作品，具有其他宝石都不具备的观赏性。玉石翡翠要经过雕琢后才能体现它的价值和观赏性，而水晶观赏石只需要将表面进行抛光，即展现出晶体内所包裹的物质，包裹物与一些画面或是物品十分相似，具有观赏性，也可以直接欣赏它的晶体。

天然性

天然性是水晶观赏石的基本特性。通常水晶矿物不饰雕琢就具备很高的观赏价值，但是包裹体水晶观赏石经常需要适当打磨抛光，这样更方便观赏水晶内部的包裹体。

骏马奔腾

奇特性

水晶观赏石在形态、质地、内部特征等方面往往十分奇异。大自然有无

水晶棺

限风光，都可以在包裹体水晶中找到缩影。

稀有性

天然水晶是不可再生资源，随着开发的深入，天然水晶存量已越来越少，为了可持续发展，东海县政府早就制定了保护本地资源，鼓励开发海外水晶资源的政策，但是，海外水晶资源也越来越少，很多国家都提高了开采和出口天然水晶的门槛，进入东海市场的外国水晶价格连年暴涨，其中观赏水晶比普通水晶涨价更快。

耐久性

水晶的化学成分主要为二氧化硅，水晶的化学稳定性相当好；水晶的硬度很大，其摩氏（莫斯）硬度为 7。这些决定了水晶不会腐烂变质，具有耐久性，容易保存，非常适合收藏。

水晶的收藏

近来中国水晶市场的行情大涨，销售量剧增，不断升高的水晶价格让销售商和消费者都对天然水晶的升值寄予厚望。作为一个收藏门类，水晶收藏的前景光明。天然水晶的透明度非常好，给人一种清澈的感觉。天然水晶还有偏光性，可见双晶现象，例如球体状的水晶，从上往下看会出现双影现象。水晶的球体形的

天然白水晶项链

天然水晶吊坠

仿冒品，从上往下看是看不到下面线条的双影。人类的祖先在几十万年前就把水晶当工具使用，把水晶当成装饰品是在新石器时代的晚期，在广东珠海宝镜湾新石器晚期遗址出土的水晶，通体磨光，制作精美。后来在各个时期的贵族墓穴里面也陆续出土了一些水晶制品。因为水晶的硬度高，在技术水平很低的古代，开采和加工的难度很大，所以从工业革命之后水晶才被大量开采出来。因此，水晶在古代的世界各国都是稀世珍品，传世的水晶制品极少。只要是古代的水晶制品，不管是饰物还是生活用品或者是艺术品都具有极高的收藏价值。不过古董水晶很难觅得，像石器时代的水晶制品基本都成了稀世珍宝，辨别起来有难度且价格不菲，因此，收藏风险比较大。

水晶原石

现代的水晶工艺品种类繁多，各类无色水晶、俏色水晶、发晶，被雕刻成花草树木、人物鸟兽。每一件成为艺术品的水晶工艺品都是自然和人类智力的完美结合。既可以呈现大自然的神奇，也可以体现艺术家的高超技艺和艺术理念。收藏者从水晶品种、质地、有无瑕疵、制作工艺上寻求其价值。如果一块完美的水晶材料，再经过名家精雕细琢，那这件工艺品的艺术价值、观赏价值和收藏价值也就相当高了。

在水晶收藏领域，水晶原石收藏是主要部分，很多收藏者热衷收藏水晶原石。而且水晶原石收藏起来也比较简单，一般只要在造型、色彩、图案、包裹体、纯净度甚至大小等方面有一点特色或优势的便可收藏。水晶原石包括大个头的水晶单晶、水晶晶簇和各种包裹体水晶，还有各种奇石、异石、孤品、绝品等。因为水晶的产量大，价格不可能和钻石、翡翠相比，但是稀少独特的水晶原石一样会有很大的升值空间。我们要按收藏界的标准来收藏水晶，通常情况下要选择颜色和晶体美丽的水晶，而且收藏贵在稀有性和独特性。一旦遇到稀有独特的天然水晶，就值得收藏。水晶原石是宝石级观赏石，所以比其他奇石价值更高，因为懂水晶的人越来越多，水晶收藏爱好者也越来越多，所以水晶原石收藏升值空间也越来越大。收藏者在收藏水晶的时候，要把水晶的历史价值和艺术价值结合起来考虑，不仅要考虑到自身的资金配置情况，还应逐步提升自己的历史文化功底，不能盲目购买、收藏。

水晶的鉴定

第九章

肉眼识别法

宝石鉴定的基础是肉眼鉴定，通过对宝石颜色、光泽、透明度、特殊光学效应和包裹体等的观察，可以对宝石进行初步鉴定，然后再选用有效的化学仪器进行准确的测量，这样得出的结果就会相对准确。肉眼鉴定水晶，依据的是水晶的物理特性，可以使用下面的常用方法。肉眼鉴定是识别宝石的基础，通过肉眼来观察宝石的颜色、色散、透明度、光泽、特殊光学效应以及包裹体等，这样我们对宝石就有了一个初步的确认，然后再选用指定的仪器检测，如此得出准确的鉴定结果。下面我们来介绍一下肉眼识别水晶的常用技法。

水晶镶银吊坠

[illegible]体内的纯净度是相同的，而且没有任何裂纹，内部大多会有小气泡。用放大镜搜查：用十倍放大镜在透射光下搜查，能找到气泡的基本上为假水晶。

硬度法

自然水晶硬度大，用碎石或钢锉在饰品上轻轻刻划，然后观察宝石上面是否留下印痕，不会留痕迹的就是真水晶；若留有条痕，则是假水晶。没有痕迹才说明摩氏硬度最小为 7，但是这一方法对于已经加工成型的水晶饰品或摆件是不可以用的。

水晶奖杯

水晶爱心戒指

看颜色

现在

匀，且常伴有色带。而合成水晶是在相对稳定的条件下形成，颜色均匀、亮丽。天然无色水晶的颜色带有烟青色调，给人的感觉非常柔和，合成无色水晶发白而且显干，毫无生气。此外，自然水晶竖放在太阳光下，无论从哪个角度看它，都能放出瑰丽的色泽，而假水晶则不能。

凉感

将

有一种冰凉的感觉。而且在酷热夏日的三伏天，用舌头舔自然水晶的时候，也有冷而凉的感受，而合成水晶或是仿制品要温和一些。

水晶镶锡醒酒器

水晶国际象棋

观察包裹体

自然界产出水晶，根据所处环境的原因，所形成的晶体内多含有棉絮状物、裂隙或其他矿物包裹体。所以一般情况下，我们观察水晶包裹体，需要用十倍放大镜来看是否具有天然的矿物包裹体或负晶，在水晶中比较常见的包裹体呈棉絮状或针状，只要发现有这些东西，初步可以确认是天然水晶。晶体内的矿物包裹体是决定性依据。所谓的矿物包裹体，是具有一定形状的小物体。合成水晶、玻璃都是非常纯净的，根本看不到包裹体。对于原石可以观察宝石的光泽、断口以及表面的纹饰。是不是玻璃光泽、贝壳状断口，而且断口是否为油脂光泽，表面是不是有横纹或多边形蚀象。如果这些特征都符合，那么此宝石一定是水晶。

画线法

在桌上铺一张白纸用笔画一条线，或是放一根头发，然后将水晶放在上面观察，透过水晶观察，如果变成双线，说明它是非均质体的宝石而不是玻璃。这是由于水晶的双折射现象造成，均质体的玻璃没有双折射现象，因此也就不可能出现双影现象。如果您手中的水晶是圆球，那么一定要转动球体来观察，因为在垂直光轴方向上是没有双折射的。只有转动到其他方向才可看到双影。

水晶的保养

不管是水晶首饰还是雕塑一般都晶莹光洁、玲珑剔透，让人把玩无厌。面对如此美丽的水晶，我们怎忍心它受到一点儿损伤呢？在日常生活中我们要学习一些水晶保养的知识，这样才不会让自己心爱的水晶受到损伤。

水晶菊花石吊坠

水晶摆件

水晶马

注意防摩擦、防刻画

不要将其他首饰与水晶放置一处，避免之间的摩擦造成划痕或裂痕。

注意防碰撞、防摔打

水晶的表面好像镜子一般光亮，受到汗渍或油污的沾染，便会失去光泽。佩戴水晶饰品时，我们一定要注意在运动或是前往有油污的地方，摘掉饰品。若是不小心沾染了油污或

水晶水果

水晶工艺品

汗渍，可以用性质温和的肥皂水以及软毛刷来洗涤，这是最为简单的清洁方法，也可用清水冲洗。清洗后的首饰，放在不含棉绒的毛巾上风干。如果是一些大型的雕塑，我们可以将其放置一个安全的地方，用不含绒毛的布料除去沾染的尘埃，然后再用清水直接冲洗，放在阴凉的地方自然晾干。水晶的硬度高，脆性也大，不可以用力撞击，避免碎裂。在搬运大型水晶摆件或器皿时，应该抓紧水晶的底座或整个摆件，不可只抓顶部或是边缘部位。

水晶算盘

注意防腐蚀

水晶的性质其实是很稳定的，但裂隙或其他伴生矿物的性质则会发生改变，所以在日常生活中我们应避免水晶与强酸、强碱及其他化学腐蚀性物品的接触，不然，这些化学物质就会沿着裂纹腐蚀水晶。

注意防高温

不可将水晶饰品浸泡于高温的水中，水晶遇到高温容易产生大的裂纹或是褪

紫水晶球

天然紫水晶摆件

色，造成不必要的损伤。紫晶饰品应避免高温加热与放射性辐射，以保持最为新鲜的颜色和光泽度。水晶饰品还应该避免在阳光下暴晒或强光直射，以免褪色。有些放在陈列柜的水晶，不可以用强光长时间直照，不然有水胆的水晶可能会因此而失去水分，有颜色的水晶会褪色。

鱼跃龙门

第十章

佛教七宝之——玛瑙

玛瑙的历史悠久，距今大概有一亿年，地下岩浆由于地壳的变动而大量喷出，熔岩冷却时，蒸气和其他气体形成气泡。气泡在岩石冻结时被封起来而形成许多洞孔。很久以后，洞孔浸入含有二氧化硅的溶液凝结成硅胶。含铁岩石的可熔成分进入硅胶，最后二氧化硅结晶为玛瑙。有记载说由于玛瑙的原石外形和马脑相似，因此称它为“玛瑙”。在旧约圣经还有佛教的经典中，都有玛瑙的事迹记载。在东方，它是七宝、七珍之一。玛瑙以其色彩丰富、美丽多姿而被当作宝石或制成工艺品，也可以用来制作精密仪器的轴承及玛瑙研体、玛瑙乳钵等工业用品。

世界上玛瑙著名产地有：印度、巴西、美国、埃及、澳大利亚、墨西哥等国。墨西哥、美国和纳米比亚还产有花边状纹带的玛瑙，称为“花边玛瑙”。美国黄石公园、怀俄明州及蒙大拿州还产有“风景玛瑙”。

需要特别注意的是，玛瑙是晶体，只不过属于隐晶质结构，结晶过于细小而难以观察。

玛瑙雕兽首水盂

玛瑙的种类

按颜色特征分类

单色玛瑙

（1）红玛瑙泛指红色的玛瑙，鲜红—深红色玛瑙及浅红或黄色玉髓。红玛瑙分东红玛瑙与西红玛瑙。东红玛瑙是指原石的颜色不纯正；经热处理过的红玛瑙俗称烧红玛瑙，最初这种玛瑙来自日本，故名东红玛瑙；西红玛瑙是指天然红色玛瑙。红玛瑙是各色玛瑙中的上品，故在《格古要论》中有“玛瑙无红一世穷”之说。

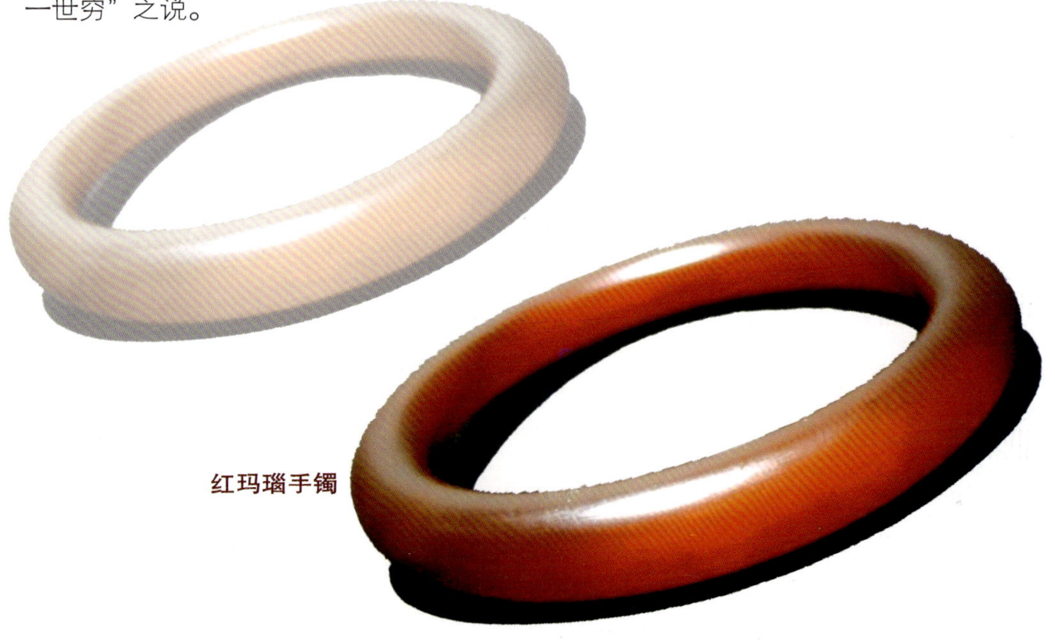

红玛瑙手镯

（2）蓝玛瑙是指蓝色或蓝白相间的玛瑙。这是一种十分美丽的色彩淡雅的玛瑙，硬度大者是玉雕的好原料。优质者颜色深蓝，次者颜色浅淡。蓝玛瑙经火不褪色，珍贵品种用于做首饰。蓝玛瑙产量少，市面的蓝玛瑙多是人工染色而成。人工染色的蓝玛瑙常见的是紫罗兰色，蓝中带紫的色调，也有普蓝和宝石蓝色的。主要产于澳大利亚昆士兰州。

（3）绿玛瑙是指绿色的玛瑙，非常罕见，目前市场上的绿玛瑙几乎都是人工着色而成，其色浓绿，有的色似翡翠，但无翠性。

（4）紫玛瑙以葡萄紫色为最好，质地较粗，透明度不好。市场上的紫玛瑙大多是染色而成。

（5）白玛瑙是以白色调为主或无色的玛瑙，其实有的属于白玉髓，多用于制作珠子，然后进行人工着色，可以着色成蓝、绿、黑等色。状若水晶，透明无色；蛋青色、白中微红；初看是白色，细看红粉微润其间。白玛瑙是染色玛瑙的好原料。

（6）黑玛瑙是指黑色的玛瑙，自然界少见黑玛瑙，目前中国珠宝市场上的黑玛瑙都是人工着色而成，其色浓黑，易与其他黑色玉石相混。

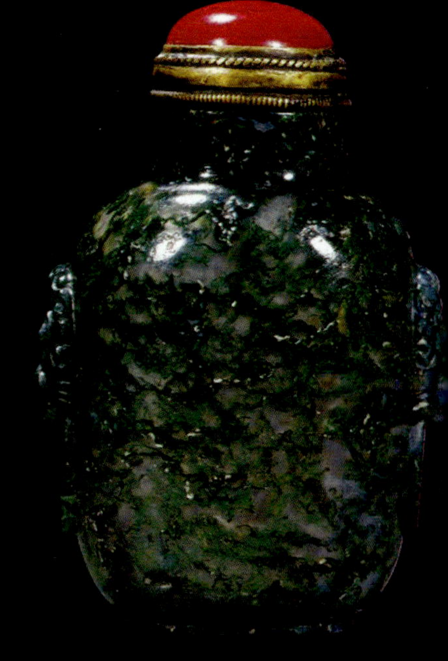

玛瑙鼻烟壶

清代白玛瑙丛芝形山子

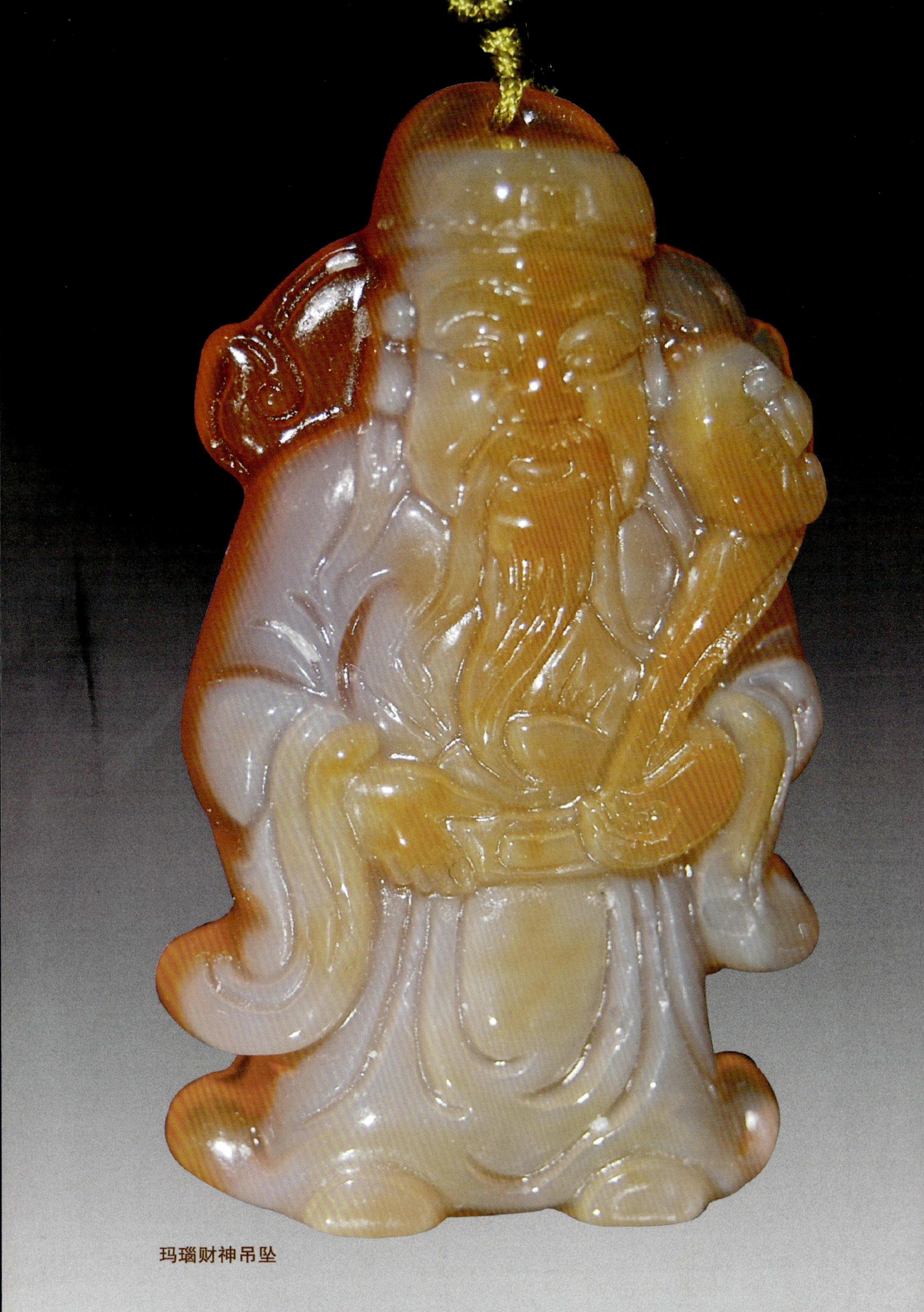
玛瑙财神吊坠

多色玛瑙

（1）缠丝玛瑙是各种颜色以丝带形式相间缠绕的一种玛瑙，因相间色带细如游丝，所以称为缠丝玛瑙。有的红白相间，有的蓝白相间，有的黑白相间，或宽如带，或细如丝，非常美妙。

（2）锦犀玛瑙是一种五颜六色、混合抛光后显五彩缤纷的彩虹状玛瑙。

（3）合子玛瑙是完全漆黑而有一丝白色条纹环绕的玛瑙。也称腰横玉带。北京玉器厂曾将合子玛瑙雕成一群黑山羊，每只羊的腰部都绕一白圈，十分别致。

（4）锦花玛瑙是红白色条纹相间的玛瑙。白色是蛋白石或石髓，也称红花玛瑙。

（5）截子玛瑙是条纹黑白相间的缠丝玛瑙。

按形态特征分类

(1)眼玛瑙中央呈黑色，周围是圆形或椭圆缠绕的条带玛瑙品种。可以用做木偶的眼睛。

清代玛瑙巧色灵芝水盂

红山玛瑙碧

（2）猫头鹰眼玛瑙具有两个类似眼睛的眼玛瑙，有时称牛眼玛瑙。

（3）子孙玛瑙是玛瑙内部由两期成矿作用形成的玛瑙，第一期与第二期形成玛瑙的花纹、颜色不同。

按含包裹体及包裹体形态特点分类

（1）苔纹玛瑙又名苔玛瑙、苔藓玛瑙、藓纹玛瑙。具有黑色或绿色及红色的玉髓。不完全透明—半透明。

（2）圆点花纹玛瑙具有小的红、棕或黄色圆点的半透明玉髓。

（3）圆盘玛瑙具有圆形、椭圆形氧化铁包裹体的玉髓。

水胆玛瑙寿星摆件

（4）网金红石玛瑙是指含有针状包裹体的玛瑙或玉髓。

（5）银玛瑙是指含有自然银或像自然银矿物（如自然铋或辉银矿）的碧玉。

（6）管状玛瑙：①玛瑙受到动力作用出现裂纹或因重结晶作用产生裂纹，这些裂纹有脉或管状物充填穿过玛瑙纹层；②在半透明的玛瑙中存在有管状不透明包裹体；③管状形状的东西将玛瑙条纹分隔开。

(7) 水胆玛瑙是指有液体、气体包裹体的玛瑙或玉髓。包裹体形如水胆而得名。水胆是玛瑙中最宝贵的部分。巧妙地利用空洞中的气、液包裹体的水珠，正好在以玛瑙雕刻的鱼或虾的嘴边，好似鱼虾吐出的水泡，构成精美艺术品。加工时要把水胆部分做得薄一些，使人们容易欣赏观察到。

(8) 砂心玛瑙。晶腺状的玛瑙中心部位生长的石英晶簇称砂心。用作雕刻原料时，把砂心去掉不要。现在砂心玛瑙多用做观赏石，尤其砂心是深色的紫水晶，则是比较珍贵的观赏石。

火玛瑙原石

清代玛瑙路荷水盂

按光学特征分类

(1) 火玛瑙是一种半透明到几乎完全透明的白色玛瑙，外观呈葡萄状。经研究是玉髓中含有极薄的氧化铁或硬锰矿层，由于光的干涉作用产生与蛋白石一样的变彩现象，但蛋白石变形的形成是由于二氧化硅颗粒因光的衍射而形成的干涉作用。加工时需注意切磨方向的正确。常见的颜色为桔黄、绿、紫、黄，红和蓝色少见。

(2) 砂金石玛瑙指含有红色的小针铁矿晶体的玛瑙。小的针铁矿晶体能产生砂金石效应。

(3) 淡水玛瑙是指有荧光性的玛瑙，产自美国怀俄明州。

(4) 闪光玛瑙是指在玛瑙的抛光面上或蛋圆形上当晃动或转动时可出现一条黑色游动的并有宽窄变化的光带。一块抛光面上可出现多条闪光光带，它们只出现在玛瑙条带的转折处。在显微镜下条带的转折处是一条微细的裂隙。光带的清晰程度与玛瑙条带的宽窄有关，玛瑙相交叠的层可以非常薄，可薄到几分之一毫米。在垂直条带层理的方向琢磨，条带愈窄光带清晰程度愈高，条带的宽度大于 0.7 毫米，闪光模糊不清；条带宽度大于 1 毫米不会有光带出现；玛瑙条带为单一颜色，则光带清晰；玛瑙条带由多种颜色组成，则闪光不明显。这种光带的产生是光的折射作用的结果，与猫眼产生的原因一样，即波纹效应。

(5) 星光玛瑙：①指具有星光的玉髓；②指具有星状包裹体的玉髓。

玛瑙的特点

第十章

地下岩浆由于地壳的变动喷出，在冷却时气体形成气泡，这些气泡就是岩石内的空洞，经过地质变化后，里面被二氧化硅等灌注，形成玛瑙石，由于里面含的成分不同颜色就不同，色彩也有层次。有半透明或不透明的。根据纯度不同会体现不同特征，比如呈条带状、同心环状、云雾状或树枝状分布，以白色、灰色、棕色和红棕色为最常见，黑色、蓝色及其他颜色也有。物理性质主要是二氧化硅的性质，条痕白色或近白色。蜡样光泽，半透明至透明。断口贝壳状。硬度 6.5-7。与水晶的区别在于水晶是单晶体，玛瑙属于多晶集合体，而且玛瑙的透明度应该弱于水晶。产量比较多，在价值上算不上昂贵，较为常见。作为装饰品比较普通，但较美观。

黄玛瑙原石籽料

玛瑙的功效

（1）传说在西方魔法里，人们把自己的愿望写在一张纸上，折叠包妥，静心冥想过后，再放入玛瑙聚宝盆内，至少要放一天一夜，让能量在其中激荡强化，取出后，将之火化烧掉，借助火的力量，将你的愿望传入自然界，能心想事成。

（2）将适量的玛瑙放置于枕头下，有助于安稳睡眠。

（3）玛瑙可以为一些水晶饰品消磁充电，如戒指、坠子、耳环、手链等，但请用纸或布包住，

春秋兽面卷云纹玛瑙扳指

玛瑙手链

红玛瑙吉祥如意挂件

以免被刮伤。

（4）玛瑙是佛教七宝之一，自古以来一直被当为辟邪物、护身符使用，象征友善的爱心和希望，有助于消除压力、疲劳、浊气等负性能量。

（5）夏天佩戴玛瑙不仅时尚、漂亮，而且能降温，防止中暑等。

（6）玛瑙可改善内分泌，加强血液循环，让气色变好。偏橘色的红玛瑙对胃肠都有效用，可活化内脏，预防便秘，帮助排出毒素，对肝病、风湿、神经痛、静脉曲张等都有舒缓的功用，女

天然红玛瑙貔貅情侣挂件

性长期佩戴玛瑙可以使皮肤润滑，心情开朗，血液循环增强，使嘴唇红润，眼珠明亮有神。

红玛瑙是最具疗效的宝石之一，可平衡正负能量，缓解精神紧张及压力。维持身体及心灵和谐，增强爱、忠诚，同时也具激发勇气，使人信心果敢的功效，也适合体弱多病或刚痊愈的人配戴。

黑玛瑙可增加人的自信心，避免恐惧不安。可改善生殖系统，消除病气、浊气、霉气，带给人健康。

天然红玛瑙福寿纹花插

玛瑙的收藏

从色泽上看

一般优质天然玛瑙有玻璃和油质光泽，天然图案色泽艳丽明快，自然纯正，光洁细润；纹理自然流畅，最主要的是玛瑙上有渐变色，其颜色分明，层次感强，条带明显。而品质一般的玛瑙的色彩和光泽均要差一些。通常玛瑙的颜色决定了它的升值潜力。各种级别的玛瑙，都以红、蓝、紫、粉红为上品，颜色要透亮，且无杂质、无沙心、无裂纹。

玛瑙壶

从造型上看

一般外形有特点的玛瑙藏品收藏价值较高。玛瑙的质地很硬，制作起来需要几十道工序，所以，造型越是繁复，造价也就越高昂，它的价值自然也就越高。

玛瑙香炉

从制作工艺上看

天然玛瑙石质坚硬、润滑、凝重，因此它的雕刻比起玉石雕刻更费功夫。一般来说，经过能工巧匠精雕细琢而成的玛瑙是具有较高收藏价值的，越是薄的玛瑙雕刻起来难度越高。如果在市面上看见雕工特别好的明清老玛瑙则要当心是现代仿品了。因为以当时的雕刻工艺，中间所打的线孔是不可能很平滑的，一般都歪歪扭扭，呈倒喇叭形。如果你看到一通到底很平滑的线孔，基本可判定是仿制品或者是假货。

玛瑙雕件

玛瑙的鉴定

玛瑙的优劣鉴别

人们对玛瑙质量和经济价值的评判，一般都是以肉眼识别作为主要手段，尽管现代科学技术发达，各种玉石鉴定仪器很多，但在交易过程中使用这些仪器一是很不方便，二是不能解决问题，原因很简单，会受到环境的局限，若判断玛瑙的优劣及经济价值，那仪器就毫无用途了。交易现场不可能进行复杂仪器作业，所以肉眼鉴别始终是一种极其重要的方法。玛瑙种类繁多，素有“千样玛瑙万种玉”之说，所以鉴别方法也很多，通常以纹带、颜色、透明度、裂纹、杂质、砂心和块重为分级标准，除水胆玛瑙最为珍贵外，一般以搭配和谐的俏色原料为佳品。

一般来说，玛瑙质量好坏的鉴别和经济价值的评定主要分级如下：

特级

纹带美丽；颜色纯正、明快的红、蓝、紫、粉红色；透明度好，即半透明；无裂纹、无砂心、无杂质；块重 5 千克以上者。

清玛瑙巧色雕凤凰烟嘴

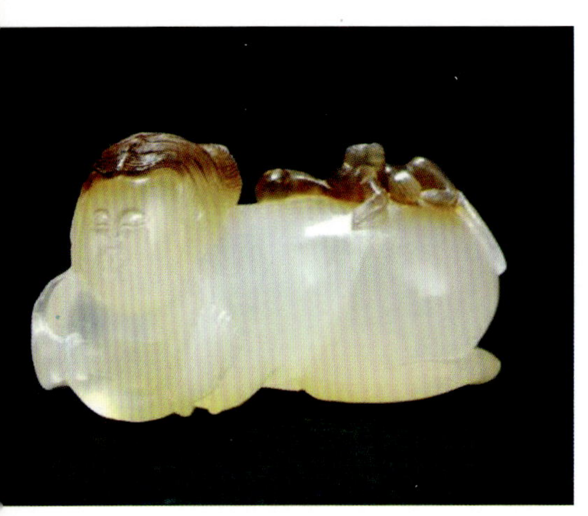

清代玛瑙把件

一级

纹带美丽；颜色纯正、明快的红、蓝、紫、粉红色；透明度好，即半透明；无裂纹、无砂心、无杂质；块重 2–5 千克者。

二级

纹带美丽；颜色纯正、明快的红、蓝、紫、粉红色；透明度好，即半透明；无裂纹、无砂心、无杂质；块重 0.5–2 千克者。

三级

纹带美丽；颜色纯正、明快的红、蓝、紫、粉红色；透明度好，即半透明；无裂纹、无砂心、无杂质；块重 0.5 千克以下者。

玛瑙原石

玛瑙的真假鉴别

目前市场上出现了大量的假玛瑙，主要产品是合成玛瑙，有玻璃的、塑料的、石质的等等，虽然它的纹理、色泽度可与天然玛瑙相媲美，但却不具经济价值。售卖者妄想鱼目混珠，行家看后必嗤之以鼻，所以爱好者欲收藏或玩赏时，就应小心分辨了，主要的鉴别方法有：

玛瑙巧作人物纹烟壶

花纹和颜色

真玛瑙色泽鲜明光亮，假玛瑙的色和光均差一些。天然玛瑙颜色分明，条带花纹十分明显，而仿制的假玛瑙多数颜色艳丽、均一，给人一种假的感觉。

质地

假玛瑙多为石料仿制，较真玛瑙质地软，用玉在假玛瑙上可划出痕迹，而真品则划不出。从表面上看，真玛瑙少有

瑕疵，劣质则较多。

透明度

真玛瑙透明度不如人工合成的好，稍有混沌，有的可看见自然水线或“云彩”，而人工合成的玛瑙透明度好，像玻璃球一样透明。

重量

真玛瑙首饰比人工合成的玛瑙首饰重一些。

温度

真玛瑙冬暖夏凉，而人工合成玛瑙随外界温度而变化，天热它也变热，天凉它也变凉。

玛瑙手镯

玛瑙的保养

玛瑙童子

（1）要避免碰撞硬物或是掉落，不使用时应收藏在质地柔软的饰品盒内。要尽量避免与香水、化学剂液、肥皂或是人体汗水接触，以防受到侵蚀，影响玛瑙的鲜艳度。

（2）要注意避开热源，如阳光、炉灶等，因为玛瑙遇热会膨胀，分子体积增大影响玉质，持续接触高温，还会导致玛瑙发生爆裂。

（3）玛瑙要保持适宜的湿度，尤其是水胆玛瑙在形成时期里面就存有天然水，如果周围环境很干燥，就会引起里面天然水分的蒸发，从而失去其收藏的艺术和经济价值。

玛瑙荷叶形笔洗

红色玛瑙玉髓大八卦项链

玛瑙卧莲鸳鸯
长 15.2 厘米，宽 10.7 厘米，高 8.5 厘米。

玛瑙壶

第十一章

玉中之王—— 翡翠

翡翠，也称翡翠玉、翠玉、硬玉、缅甸玉，是玉的一种，颜色呈翠绿色（称之翠）或红色（称之翡）。是在地质作用过程中形成的，主要由硬玉、绿辉石和钠铬辉石组成的达到玉级的多晶集合体。

人们习惯上称翡翠为翠、翠玉。是缅甸出产的硬玉，日本、俄罗斯、墨西哥、美国加州等地均产有硬玉，但其质量与产量远不如缅甸。缅甸很早就开采出宝石级翡翠，长期以来人们只知道缅甸出产翡翠，因此将缅甸玉作为翡翠的代名词。

翡翠首饰

翡翠挂件

翡翠名称的由来

古人认为翡翠本是天上的石头，可以带来好运。象征纯洁、太阳、公正、勇气、和谐以及纯洁的精神，同时也暗指男女之情。

翡翠一名，来源有几种说法，有人认为是来自鸟名，这种鸟羽毛非常鲜艳，雄性的羽毛呈红色，名翡鸟（又叫赤羽鸟），雌性羽毛呈绿色，名翠鸟（又叫绿羽鸟），合称翡翠，在珠宝市场上行业人士有翡为公，翠为母说法。据记载，在中国古代，翡翠是一种生活在南方的鸟，其毛色十分

翡翠玉琮

清代翡翠杯子

清代翡翠手镯

好看，通常有蓝、绿、红、棕等颜色。唐代世人陈子昂在《感遇》一诗中写道："翡翠巢南海，雄雌珠树林。何知美人意，骄爱比黄金。杀身炎州里，委羽玉堂阴。旖旎光首饰，葳蕤烂锦衾。岂不在遐远，虞罗忽见寻。多材信为累，叹息此珍禽。"明朝时，缅甸玉传入中国后，人们称之为"翡翠"。另一说古代"翠"专指新疆和田出产的绿玉，翡翠传入中国后，为了与和田绿玉区分，称其为"非翠"，后渐演变为"翡翠"。关于翡翠名字的由来还有一个说法：据说清朝时期，翡翠的羽毛作为饰品进入了皇宫，特别是绿色的翠羽深受妃子们的喜爱。她们将这种羽毛插在头上作为发饰，有时还将羽毛贴镶拼嵌作首饰，故其制成的首饰名称都带有翠字，如钿翠、珠翠等等。在这个时候缅甸进贡了大量玉石，妃子们对其都爱不释手，由于其颜色也多为绿色、红色，而且和翡翠鸟的羽毛颜色很相同，因此妃子们将其来自缅甸的玉称为翡翠，渐渐地，这一名称也在中国民间流传开来。

据《缅甸史》记载，翡翠矿产的发现在公元1215年，勐拱人珊尤帕受封为土司。流传他在渡勐拱河时，无意发现河畔有一块形状像鼓的玉石，他认为是个好兆头，于是决定在附近修筑城池，并起名为勐拱，意指鼓城。这块玉石就作为珍宝传给历代土司，后来人们就是在这个地方开采的翡翠。

翡翠戒指

老坑种翡翠

商业界俗称“老坑玻璃种”，大多具有玻璃光泽，其质地细腻纯净无瑕疵，颜色为纯正、浓郁、明亮、均匀的翠绿色；老坑种翡翠硬玉晶粒很细，因此，凭肉眼极难见到“翠性”；老坑种翡翠在光的照射下呈半透明—透明状，是翡翠中的上品或极品。

翡翠吊坠

老坑种翡翠观音挂坠

冰种翡翠

冰种翡翠扳指

顾名思义，冰种翡翠就是像冰一样透明，透明度和水头略次于玻璃种，质优者常被充为玻璃种出售，属于高档翡翠，所以它也同样有高中低档之分。冰种翡翠的质地与老坑种有相似之处，无色或少色，冰种的特征是外层表面上光泽很好，半透明至透明，清亮似冰，给人以冰清玉洁的感觉。若冰种翡翠中有絮花状或断断续续的脉带状的蓝颜色，则称这样的翡翠为“蓝花冰”，是冰种翡翠中一个常见的品种。冰种玉料常用来制作手镯或挂件。无色冰种翡翠和“蓝花冰”翡翠价值没有明显高低之分，其实际价格主要取决于人们喜好。冰种是中高档或中档层次翡翠。

水种翡翠戒指

水种翡翠

水种翡翠的玉质结构比老坑玻璃种要稍微粗些，光泽、透明度也略低于老坑玻璃种而与冰种相似或相当。其特点是通透如水，但光泽柔和，细观其内部结构，可见少许“波纹”，或有少量暗裂翡翠手镯和石纹，偶尔还可见极少的杂质、棉柳。有行家说水种翡翠是色淡或无色、质量稍差于老坑种翡翠。是翡翠中的中高档、偶见高档的一个品种。

紫罗兰翡翠项链

紫罗兰翡翠

这是一种颜色像紫罗兰花的紫色翡翠，因此命名。这种翡翠的紫色一般都较淡，珠宝界又将紫罗兰色称为“椿”或“春色”，椿其实也就是紫的意思。具有“春色”的翡翠有高、中、低各个档次，并非是只要是紫罗兰，就一定值钱，一定是上品，还须结合质地、透明度、工艺制作水平等质量指标进行综合评价。

翡翠上的紫色一般不深，仔细观察紫色的翡翠，其色调略有不同，一般讲可分为粉紫、茄紫、蓝紫。粉紫通常质地较细，透明度较好，茄紫次之，蓝紫再次之。

紫色的翡翠，一般在黄光下面看，会显得紫色较深，选购时要小心这一点。紫色深的，质地细的，透明度高的翡翠是很难得的，所以也特别受欧美人士的垂青。

紫罗兰翡翠摆件

白底青翡翠

白底青种是缅甸翡翠中分布较广泛的一种，其特点是底白如雪，绿色在白色的底子上显得很鲜艳，白绿分明。这一品种的翡翠极易识别：绿色在白底上呈斑状分布，透明度差，为不透明或微透明；玉件具纤维和细粒镶嵌结构，但以细粒结构为主；在显微镜下观察（须放大 30-40 倍），其表面常见孔眼或凹凸不平的结构。该品种多为中档翡翠，少数绿白分明、绿色艳丽且色形好，色、底非常协调的，可达中高档品级。当然有时也会有一些杂质，白底青的绿色是较鲜艳的，因为底色较白更显得绿白分明，绿色部分大多数是团块状出现，这几方面都是和花青种不同的。白底青种大多数不透明，但也有较透的，此品种同样有高中低档之分。

白底青弥勒佛

花青种翡翠珠链

花青翡翠

花青翡翠指的是绿色分布呈脉状的，而又非常不规则的一种翡翠，其底色可能为淡绿色或其他颜色，如浅灰色或豆青色，质地可粗可细，半透明。例如豆底花青，它的结构晶粒较粗，称为豆底，它不规则的颜色，有时分布较密集，也可能较疏落，可深也可浅，这类翡翠因此获称为花青种。同样有高中低档之分。花青翡翠中还有一种结构只呈粒状，水感不足，因其结构粗糙，所以透明度往往很差。花青翡翠属中档或中低档品级的翡翠。

芙蓉种翡翠

般为淡绿色，不带黄。但淡雅，绿得较为清澈、纯正，有时其底子略带粉红色。看不到明显的纤维颗粒的界限，虽算不上透明，但温润而淡雅，有种脱俗的美。

芙蓉种龙牌吊坠

芙蓉种貔貅吊坠

豆种翡翠

简称豆种，豆种翡翠是翡翠家族中的一个很常见的品种。豆种是一种非常形象的称呼，我们知道翡翠是一种多晶体，如果组成翡翠的晶体较粗，比如大于1毫米就会很容易被肉眼看到，粗的翡翠晶体多数是短柱状，当这些短柱状晶体的边界很清楚时，看起来很像一粒一粒的绿豆，所以叫作豆种。

“十青九豆”可以看出豆种的广泛性了，豆种也可以进一步分为：糖豆、冰豆，细豆、粗豆。高档豆种也是非常珍贵的。

豆种笑佛吊坠

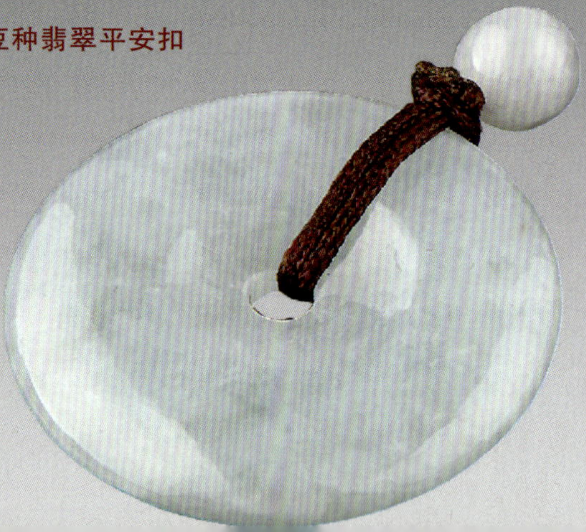

豆种翡翠平安扣

金丝种

金丝种指的是在浅底之中含有黄色的、橙黄色的色形呈条状，丝状平行排列且定向结构发育明显的翡翠，除颜色与翠丝种不同外，其他特征与翠丝种相同。但通常金丝种翡翠的价格低于翠丝种翡翠。

金丝种翡翠的档次要看它绿色条带的色泽和绿色带所占的比例多少，以及质地粗细的情况而定，颜色条带粗，占面积比例大，颜色又比较鲜艳的，价值当然高，相反颜色带稀稀落落，颜色又浅的就便宜多了，所以同样有高中低档之分。

金丝种镶嵌方牌吊坠

油青翡翠

油青种龙牌吊坠

简称油青种或油浸，油青种翡翠是指绿色较暗的一种，颜色不是纯的绿色，掺有灰色或带一些蓝色的成分，较为沉闷，因此不够鲜艳，它的颜色可以由浅至深，由于它表面光泽似油脂光泽，因此称为油青种。油青翡翠是市场中随处可见的中低档翡翠，常用其制作挂件、手镯，也有做成戒面的。它根据透明的程度同样也分高中低档，上好油青翡翠的价格也是要上万的。

油青种弥勒佛吊坠

墨翠

初看黑得发亮，很容易使人误认为是独山玉中的墨玉或其他的黑色宝石，但在透射光下观察，则是呈半透明状，且黑中透绿，特别是薄片状的墨翠，这是由绿辉石或碱性角闪石或者次生的氧化物所致，在透射光下颜色喜人。墨翠是一种珍贵而稀有的，充满神秘色彩，贵气十足的高档翡翠，色沉如墨，缅甸人用“情人的影子”来形容黑色的硬玉，中国人为其取名为“墨翠”。

墨翠招财貔貅吊坠

墨翠的好坏跟其他翡翠一样，也有种色之分，工艺在墨翠的价格上占很大一部分比例。

墨翠埋藏于地表深处，产量稀少开采有限，现在翡翠市场上墨翠的占有率小于2%，它独特的隐性颜色特征，配合中国的雕刻艺术和玉文化，极具诱惑力，种水好品质高的，价值不菲。

墨翠关公吊坠

墨翠观音吊坠

铁龙生

产于缅甸的龙肯矿区，又称天龙生，铁龙生是一种具有鲜艳绿色，但色调深浅不一、透明度差、结构疏松、柱状晶体呈一定方向排列的中档翡翠，在市场中经常可以看到。“铁龙生”取自缅甸语的语音，缅语“铁龙生”之意为满绿色。因为绿色鲜翠，可制作成满绿饰品而被青睐，但由于总体透明度较差因而又受到局限。其矿藏于1990年被发现，1994年公开开采，2000年已近枯竭，市场上成色好的铁龙生尤为稀少。

铁龙生平安扣吊坠

铁龙生凤牌

翡翠的特点

翡翠的成分

翡翠是由很多晶体组成的。晶体的形成有大有小，有粗有细。细小的晶体，细到肉眼看不到它们，它们紧密结合，晶体间没有间隙，光线可以无阻碍通过，成为类似的玻璃体。粗大的晶体，颗粒如豆，结合松散，间隙空间大，光线不易穿透，翡翠里面形成局部的不透光，像团团、片片的棉，有的可以看到闪亮的透明或半透明的晶体，晶片如苍蝇的翅膀。这些不同质地，大致可分为玻璃种、冰种、蛋青种、糯种、豆种等。种和种之间没有明确的界限。有的冰种接近玻璃种，有的接近蛋清种，种分的不同造成翡翠在硬度韧度上都有些细微的差距。

翡翠的颜色

翡翠玉镯

在天然的玉石中，翡翠的颜色最为丰富：白色、黄色、蓝色、紫色、青色、黑色等，形成了全色的七彩，这些色彩中以翠绿色为上。翡翠的颜色不均，在白色、藕粉色、油青色、豆绿色的底子上伴有浓淡不同的绿色或黑色。人们一般也是从苍翠艳丽的绿色认识了翡翠。绿色也是翡翠的生命。绿色在翡翠中千变万化，就是在一块料上的绿，也有不同的表现。大家最欣赏的是阳、浓、艳，活灵的绿。在同一块料上，除了绿色还可能有红色，紫色或别的颜色。有双色的我们称“福禄双全”，有三种颜色的称为“福禄寿”，有四种颜色为“福禄寿喜”等等。

翠性

在一块翡翠上可以见到两种形态的硬玉晶体，一种是颗粒稍大的粒状斑晶，另一种是斑晶周围交织在一起的纤维状小晶体。一般情况下同一块翡翠的斑晶颗粒大小均匀。

翡翠摆件

石花

翡翠中均有细小团块状，透明度微差的白色纤维状晶体交织在一起的石花。

光泽

翡翠光泽明亮，抛光度好，呈明亮、柔和的强玻璃光泽。

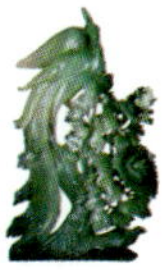

翡翠的收藏

为什么高档翡翠的收藏价值高于其他贵重珠宝？这要看翡翠的独特之处：

（1）颜色多姿多彩，有白、紫、绿、黄、红、黑等，其中绿色变化最大。完美的高翠，配以精美的设计，最受中国人喜爱，翡翠的鲜绿色除了高档祖母绿之外，没有一种宝石的绿色可以和它相比。鲜艳的绿色，最符合中国人的审美情趣和文化心理。翡翠颜色的变化，为收藏翡翠的人士提供了很大的选择余地。

翡翠挂件

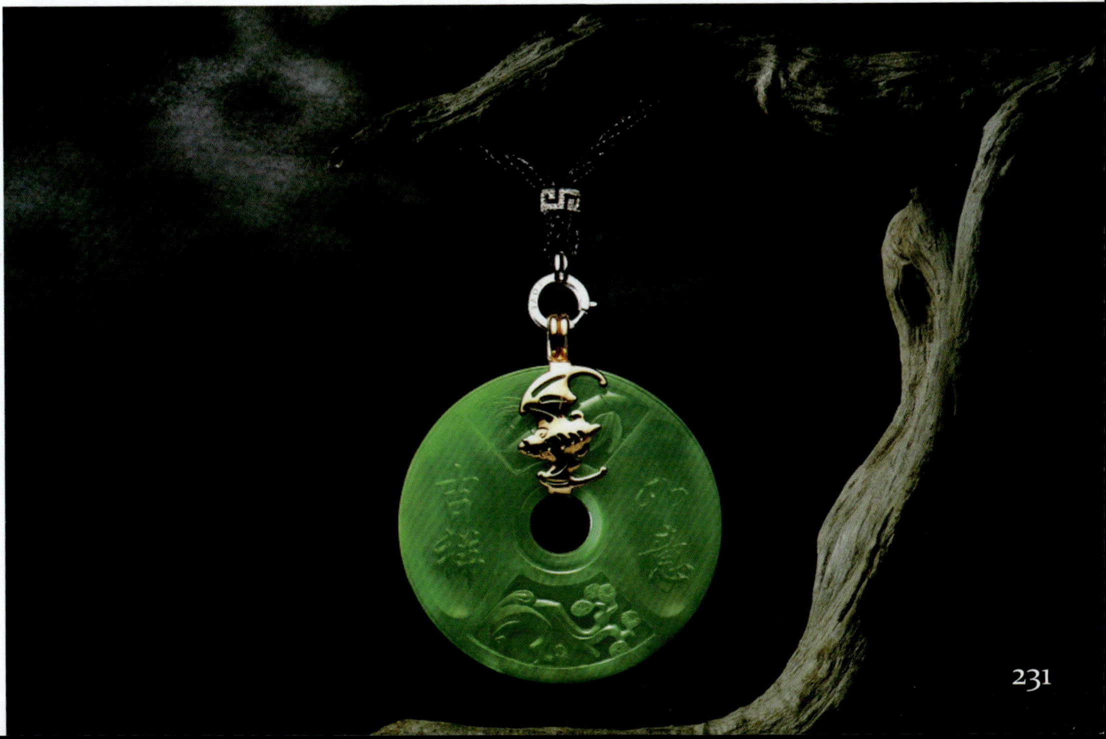

翡翠手镯

（2）种质变幻无穷，翡翠是多晶隐晶的集合体。人们欣赏它所特有的温润感。由于每件翡翠构成晶体的粗细不同，晶形不同，结合方式不同，因而透明度也有很大差异。这就构成多种多样的种质，有的清澈如水，有的透明如冰，有的则密实如瓷……配合多姿多彩的颜色，构成翡翠的种类琳琅满目。

（3）可遇不可求，许多宝石是单晶体，如钻石、红蓝宝石等，它们的颜色、透明度较均匀，比较容易找到相同的一对，或者更多。 翡翠变化万千，要找到完全相同的翡翠是十分困难的。无瑕级的钻石、红宝、蓝宝，只要你想买，都是很容易找到的，而无暇的翡翠却是千金难求。当您看到自己喜爱的翡翠就要尽可能地买，否则后悔的事情将会越来越多，要想买的翡翠将会越来越少。

（4）世界上无统一定价，几乎所有宝石都可以用重量来报价，唯有翡翠没有一个统一报价，因为翡翠的种质变化很大，每一颗、每一块都不相同，这就要靠人们对翡翠的认识与眼力了，这造成翡翠更具有投资的刺激性。花几十万买一件翡翠，其潜在价值可能是几千万。

清代翡翠鼻烟壶

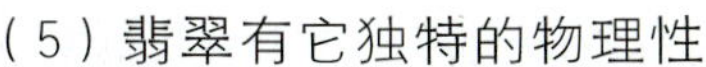
（5）翡翠有它独特的物理性

翡翠葫芦佩

翡翠观音

质，它的承压力比钻石大得多，它具有更好的韧性，有很高的耐热性。这使得翡翠首饰的佩戴不易受损。

（6）好翠越来越少，世界上产翡翠的地方有5处，而能达到宝石级的只有缅甸一处。由于形成高档翡翠的地质条件极为复杂，再找到比缅甸好的产地几乎不可能。世界上没有谁能够控制翡翠的产量和销量，而翡翠的价格在近十来年中就上涨了几倍，甚至几十倍。任何宝石都没有如此好的投资前景。翡翠市场看好的主要原因是好翡翠越来越少。一枚好的翡翠戒指能卖500万元。

翡翠精品摆件

翡翠的鉴定

翡翠的鉴定包括两个概念：原料的鉴定和成品的鉴定。在各类宝石中对于翡翠的鉴定比较困难，因为一些唯利是图的商人大量造假，从中牟取暴利。即使在翡翠王国的缅甸，假货也俯拾皆是。因此懂得一些翡翠的鉴别知识就显得尤为重要了。

翡翠原石的鉴别

习性与产出状态

由于翡翠出产的地址条件不同，山料、山流水和籽料三种原料的外形特征有着比较大的差别。一般而言，由于山料是直接从原生矿中采出的石料，大多呈块状，原石表面新鲜，没有风化形成的皮壳，棱角清楚，质地一般比较差。籽料一般是水蚀卵石，磨圆比较好，有长期风化形成的皮壳，相对来说质量比较好。山流水的特征介于上述两者之间。

矿物成分

翡翠主要是以硬玉矿物为主的集合体。硬玉属于单斜晶系，晶形呈柱状。另外，翡翠也可含其他矿物，如钠铬辉石，有时含量可达 60%–90%，这时称钠铬辉石翡翠，含透闪石和阳起石，它们主要是由硬玉矿物热液蚀变而来，当以这些矿物为主时，称闪石化翡翠；当钠长石含量较高时，称钠长石翡翠。以硬玉矿物为主要成分的翡翠才是真正的翡翠。

结构构造

翡翠往往是粒状交织结构、纤维交织结构、毛毡状结构和交代结构等。纤维交织结构和毛毡状结构属于质量好的翡翠。

翠性

由于组成翡翠的硬玉矿物有着两组完全的解理，光从解理面上反射，将产生类似珍珠光泽的闪光，这便是人们常说的“翠性”，这是鉴定翡翠原石的重要依据。

密度

翡翠的密度大约为 3.34 克 / 立方厘米，这是非常重要的一个特征，通过这一特征可为区别各种作假仿制品、赝品等提供重要依据。就是在鉴定翡翠原料时，当密度与 3.34 克 / 立方厘米有差别时，则需要通过成分等多方面对鉴定对象的真假做出进一步鉴别。

翡翠的皮壳特征

翡翠籽料具有皮壳，在翡翠原石交易市场上，人们都是根据皮壳的情况来断定内部翡翠的质量，因此，市场上也存在不少伪造皮和染色皮的情况。

伪造皮是通过无皮或粗砂皮的石料，由人工贴皮而制成的外表皮，一般是制作细砂皮。鉴定的特征为：皮的粗细、颜色大多十分均匀，表面光洁，无裂绺。另外轻轻敲打，会出现掉皮的现象，用水煮则更能暴露其本来面目。染色皮是经籽料带皮染色而形成，与天然的籽料皮没有太大的区别，但皮下却产生一层伪装的鲜艳绿

精品玉雕

色，欺骗性较大。鉴定的办法是，仔细观察皮下的颜色，若各个地方的颜色一样，就应产生防范心理，再需进一步放大观察，以找出染色皮的确凿证据。

成品的鉴别

与相似宝玉石的鉴别

在珠宝中与翡翠相似的宝石非常多，比较典型的有石英质玉、软玉、蛇纹石玉、独山玉、石榴子石玉、长石质玉、碳酸盐质玉和玻璃等。

但是仿制品与翡翠的物理性质和镜下特征存在明显差别，相对鉴定起来比较容易。

1. 软玉与翡翠的区别

软玉是由角闪石族矿物组成的特殊集合体。软玉颜色比较均匀，有白色、暗绿色、黑绿色等，但无鲜绿色。它呈油脂光泽，无翠性。折射率亦略比翡翠低。

2. 独山玉与翡翠的区别

河南独山玉又称为“南阳玉”，绿色独山玉不够鲜艳，在同一件玉器上，可有白、绿、黑绿和黄褐色等多种颜色并存。大多数独山玉透明度较差，韧性也差，性脆。翠绿色的独山玉粗看像翡翠，如果细察，翠绿独山玉具有粒状结构或溶蚀交代结构，常带有黑点。在滤色镜下变红，是翠绿色独山玉与翡翠鉴别的明显特征。

3. 水沫子与翡翠的区别

在云南昆明、瑞丽、腾冲等地和内地的一些大城市的珠宝市场上，出现一种水头很好，呈透明或半透明的“冰种”玉石，颜色总体为白色或灰白色，具有较少的白斑和色带，分布不均匀，这种玉在云南当地称为“水沫子”。这种玉石常被加工成手镯、吊坠和雕件。用放大镜观察可见水沫子不显翠性，并有较多白色的石脑或绵。用手掂之，与翡翠相比具明显的轻飘感。

4. 澳洲玉与翡翠的区别

澳洲玉（绿玉髓），又称南洋玉。由于颜色翠绿，颇得人们喜爱。它有一定的透明度。颗粒细，价格低廉。绿玉髓颜色鲜艳均一，有苹果绿、蓝绿等色，其抛光表面无桔皮效应现象，看起来很像塑料。用放大镜观察，看不到翠性。

5. 东陵玉与翡翠的区别

东陵玉亦称印度玉，用透视光可见东陵玉内有平行排列的绿色铬云母片。侧视常形成一条“绿线”。在查尔斯滤色镜下观察，绿色铬云母呈现红色。东陵玉比翡翠的比重小得多，用手便可掂量出来。

6. 马来玉与翡翠的区别

马来玉是一种染色的石英质多晶质玉石。严格地讲，“马来西亚玉”这一名称不允许出现在任何商标上、鉴定报告中。用肉眼观察，马来玉的颜色过于鲜艳，但十分不自然。在 10 倍放大镜下，可以看出丝瓜囊状的颜色分布特征，颜色很淡。

翡翠观赏

四大国宝翡翠

四大国宝翡翠现陈列于北京中国工艺美术馆“珍宝馆”，这 4 件作品均是由北京玉器厂近 40 名玉雕大师，用 4 块大型翡翠原料，从 1982 年开始，耗时整整 6 年时间精雕细刻而成的异常珍贵的翡翠玉雕作品。这 4 件玉雕作品于 1990 年获国务院嘉奖和中国工艺美术百花奖“珍品”金杯奖。

翡翠景观岱岳奇观

翡翠景观《岱岳奇观》

此作品高 78 厘米，宽 83 厘米，厚 50 厘米，重 363.8 千克。这件作品以珍贵的翠绿充分表现泰山正面的景色，突出了十八

盘、玉皇顶、云步桥等奇景，显示了泰山的雄伟气势和深邃意境。

翡翠花薰含香聚瑞

翡翠花薰《含香聚瑞》

高 71 厘米、宽 56 厘米、厚 40 厘米，重 274 千克。薰的主身是以两个半圆合成的圆球体，集圆雕、深浅蓝浮雕、镂空雕于一体，综合体现了中国当代琢玉技艺无可比拟的高、精、尖水平。

翡翠花篮群芳览胜

翡翠花篮《群芳览胜》

篮高 64 厘米，其中满插牡丹、菊花、月季、山茶等四季香花，是当今世界最高大的一个翡翠花篮。这只篮上的两条玉链各 40 厘米长，各有 32 个玉环。玉雕大师足足花了整整 8 个月的时间才完成。

翡翠插屏《四海腾欢》

高74厘米，宽146.4厘米、厚1.8厘米，插屏整个画面以中国传统题材“龙”为主题，9条翠绿色巨龙，在白茫茫的云海里恣意翻滚，气势磅礴，是当今世界最高大的一个翡翠插屏。

翡翠插屏四海腾欢

精品玉雕

翡翠摆件

老坑翡翠玉雕挂件

翡翠的保养

翡翠需要定期清洗

清代翡翠雕鹅形坠

清代翡翠如意佩

定期对翡翠进行清洗：将其浸泡在清水中30分钟，如果因为长期佩戴使其表面出现脏污，只要在浸泡后用小软刷轻轻擦洗翡翠即可。这样腐蚀性的物质就很难长期存在于翡翠表面对其进行损伤，同时又能补回翡翠失去的“水分”。一个月进行一次清洗是很必要的，不过，如果喜欢洗热水澡还是把心爱的翡翠取下来吧。

另外每次清洗时要注意观察一下挂绳是否有磨损、镶嵌饰品是否有松动，这样及时检修、保养能及时发现问题并送回店内进行维护，避免由于挂绳断裂、镶口松开而造成翡翠摔坏丢失。

清代翡翠三联转芯佩

清代翡翠如意锁

翡翠怕高温

翡翠经过烤灼会使其内部分子体积增大，使玉质产生变化，失去温润的水分，使其种质变干，而且颜色也会变浅。因此去日照强烈的沙滩等地游玩时尽量不要佩戴翡翠首饰，避免过强的阳光对其直接照射；还有喜欢蒸桑拿的朋友，在进桑拿房前也要将翡翠饰物取中，不要让翡翠长期处于高温湿热的环境下；在烹饪时也尽量避免翡翠与高温或明火接触，最好是在烹饪时能取下翡翠饰品以防翡翠受损。

清代翡翠雕瑞兽带扣

翡翠怕摔

将美丽的翡翠首饰戴在身上能增加个人魅力，如此让人心爱的宝石需要我们精心养护。日常生活中在佩戴翡翠首饰之时，应该尽量避免其从高处坠落或撞击硬物，特别是有少量裂纹的翡翠首饰，否则很容易破裂损伤。翡翠具有较强的韧性，但不要把这一特性误解为不怕摔打。

清代翡翠带板

翡翠怕酸、碱等化学试剂

翡翠在人类文化中是高雅圣洁的象征，得经常在中性洗涤剂中用软布清洗，

清代翡翠璧

翡翠雕蝉形坠

清代翡翠帽花

抹干后再用绸布擦亮。翡翠首饰在雕琢之后，往往都上有川蜡以增加其美艳程度。所以翡翠首饰不能与酸、碱和有机溶剂接触。即使是未上蜡的翡翠首饰，也切忌与酸、碱长期接触。这些化学试剂都会对翡翠首饰表面产生腐蚀作用。另外也不要将翡翠首饰长期放在箱里，时间久了翡翠首饰也会“失水”变干。

翡翠鼻烟壶

翡翠古董的保养

1. 翡翠古董不需要再加工

翡翠古董最大的忌讳就是再加工，如果进行了再加工就是现代翡翠而不是古董翡翠了，会严重影响古董翡翠的经济价值。

2. 古董翡翠要避免接触酸、碱、油、化妆品一类的物质，否则会腐蚀翡翠表面的结构。另外要保持正常的温度和湿度，避免强光过度照射和过度干燥对翡翠色彩造成伤害。

3. 古董翡翠不能用洗涤剂类物质清洗，如果古董翡翠脏了，可以使用软布

翡翠雕白菜手把件

或是羊皮擦干净。

清代翡翠香炉

4. 如果古董翡翠损坏了，可以选择粘接修复；如果是翡翠挂件类的，可以通过加工断口来修复；如果是断手镯类的，可以加工成小雕件，但要注意的是，要大面积保留原古翡翠表面而不需加工，加工断口和加工成简单形状即可，否则就变成新的一般的翡翠了，会失去古董翡翠的价值。

清代翡翠紫罗兰手镯

后记

我们对于玉器并不陌生，每当说起玉器的时候，脑海中浮现的画面是洁白纯净、晶莹如脂的玉制品，比方说吊坠、戒指以及摆件和手把件等。提到玉器，我们自然会想起玉文化，我国的玉文化底蕴是很深厚的，玉器温和内敛的外表，纯净的质地，都让我们生出了很多美丽的艺术想象，令玉器的文化内涵从普通器物的外壳中升华出来，最终成为了一种文化的符号，在人们的精神世界当中留下了深刻的印记。

每当我们将玉器持握在手中进行把玩的时候，一种清凉的感觉会从手心中透出，让人身心舒畅。经常把玩玉器，能够让人的心态平和，玉文化当中蕴含的“包容”和“含蓄”，也可以引导人们一心向善，对于调节人际关系有很大的帮助。众多的优点让玉器成为了人们心中最挚爱的收藏品之一。

纵观当下玉器收藏市场，确实是火爆异常，行业的繁荣也衍生出了许多制贩假冒伪劣产品的不法商贩，这些不法商贩的存在给玉器收藏者的收藏和鉴赏带来了很多麻烦，刚刚接触玉器收藏和鉴赏的朋友对这种现象都是非常厌恶和苦恼的。因此我们特意编撰了本书，为了保证图书的严谨性和专业性，我们特意走访了位于河北省保定市的三家专业玉器经营机构，它们是保定市力高古玩市场的玉缘堂、保定市瑞星路的君子阁、保定市府学后街的知玉堂。我们分别向三家机构的经营者虚心请教了很多玉器方面的问题，为了支持我们的工作，他们不但一一解答了我们心中的疑惑，而且提供了许多珍贵的玉器图片，在此我们衷心地向玉缘堂的曹鹏先生、君子阁的刘君先生、知玉堂的郄玉荣先生表示感谢！

玉器的鉴赏和收藏是不容易的，如果不够小心谨慎，就可能因为看走眼而造成经济损失，对于缺少鉴赏和收藏经验的朋友们来说，面对琳琅满目的玉器制品，肯定有一种乱花渐欲迷人眼的感觉。相信通过本书，刚刚接触玉器收藏的朋友们能够了解更多玉器方面的专业知识，从而在日后的收藏和鉴赏中更加得心应手。我们诚挚地希望朋友们能够和我们进行沟通交流，并共同取得进步！

总 策 划

王丙杰　贾振明

责任编辑

刘丽刚

排版制作

腾飞文化

编 委 会（排序不分先后）

玮 珏　苏 易　玲 珑

伊 记　金 帛　夏 洋

伯 川　青 铜　晨 钟

责任校对

李新纯

版式设计

黄少伟

图片提供

刘 君　曹 鹏　郄玉荣

河北省保定市君子阁

河北省保定市玉缘堂

河北省保定市知玉堂

新世界出版社
NEW WORLD PRESS

鼎力打造，高品质、收藏类软精装百种图书，全力推出。

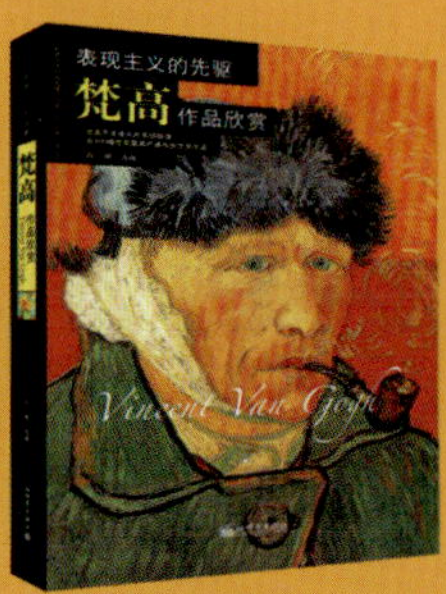

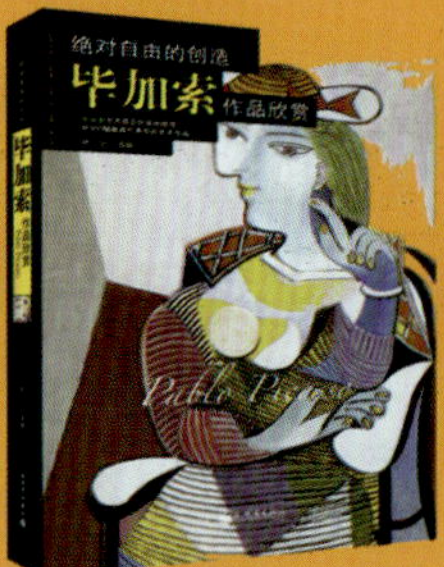

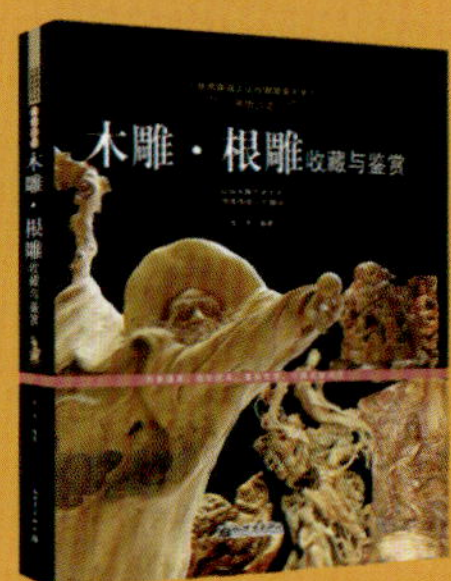

翡翠收藏与鉴赏

世界顶级名表鉴赏

香水鉴赏
N°5
CHANEL

玉器收藏与鉴赏

和田玉收藏与鉴赏

紫檀·黄花梨收藏与鉴赏

钱币收藏与鉴赏

佛珠收藏与鉴赏

古典家具收藏与鉴赏
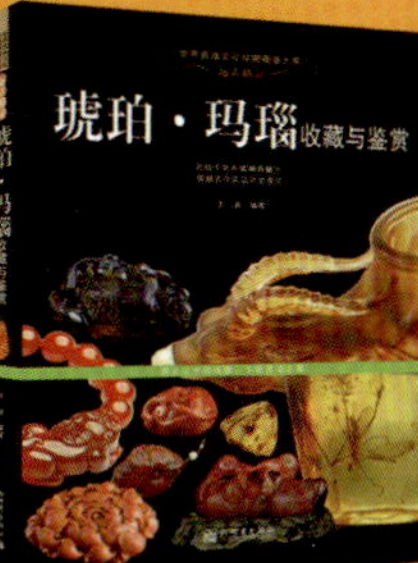
琥珀·玛瑙收藏与鉴赏

珠宝收藏与鉴赏

园林景观设计与欣赏

钻石·水晶收藏与鉴赏

红木家具收藏与鉴赏

寿山石收藏与鉴赏

紫砂收藏与鉴赏

世界名车鉴赏

石雕·砖雕收藏与鉴赏

古玉收藏与鉴赏

紫砂壶收藏与鉴赏

邮票收藏与鉴赏